# Operating in
## 神の豊かさの中で機能する

# ABUNDANCE

詩篇23篇を通して 神の奥義の扉を開く

## DR. ADONIJAH OGBONNAYA
## アドナイヤ オボナイヤ博士

אתה

神の豊かさの中で機能する
アドナイヤ O. オボナイヤ博士（Adonijah O. Ogbonnaya, Ph.D.）

出版物 Copyright @2009, AACTEV8 International の文献部門
(Apostolic Activation Network) の出版部門
Aactev8 International 1020 Victoria Ave. Venice, CA 90291
www.aactev8.com

発行：セラフクリエイティブ 2020
ISBN：978-8-1-922428-81-3
編集：Kathy Strecker
国会図書館のデータ
アルケミー、祈り、備え、自己成長、スピリチュアリティ、 主の祈り、御心、人の思い、神の御心、神の国、天、赦し、誘惑、霊的な力、変容、聖書研究。
本書の一部または全部を、著作権者の事前の許可なく、印刷のレビューに短い引用をする場合を除き、電子的、機械的、コピー、録音、その他のいかなる形式または手段によっても、複製、検索システムへの保存、または送信することは出来ません。
聖句は、特に断りのない限り、New American Standard Bible からの引用です。
ESV、NIV、NKJV、KJV

表紙絵：Feline Graphics
タイプセット、イラスト、レイアウト
By Feline
www.felinegraphics.com

אתה

# 目次

序文
この本を読むにあたって
祈り

第一章
絶えず共におられ、備えて下さる主

第二章
緑の牧場

第三章
義の道

第四章
陰を歩く

第五章
神の食卓

第六章
頭、手、足

第七章
詩篇23

**巻末資料Ａ　：ヘブル語のアレフ　ベート**
著者について
出版社について

אתה

　日本の皆様へ

　今回、オボナイヤ博士（著者を紹介する際によく使われてるニックネームはDr.O）の本を日本に紹介する特権に恵まれ心から喜んでおります。博士はすでに何冊もの本を出版されておられますが、このコロナの時にまた、時代の変わり目の時に日本のクリスチャンの方々がこの本に出会われる事を切に願っています。

　おそらくこの本をお読みになると、すぐにお気付きになると思いますが、今迄の詩編23章の解説とは大きく異なります。それは、博士がユダヤ人であり、ヘブル語にも精通しておられ、そのヘブル語の文字の背後にある奥義にもとても詳しい方だからです。その事は、この本を読んで頂くと明確になると思います。今までにない、沢山の新しい発見があなたを待ち受けているでしょう！

　ラビの人々の間では、ヘブル語の一つ一つの文字は、生きていると認識されています。この生きたヘブライ語の背後には数字や層、次元や領域も隠されており、それらの生きた文字と関わりを持っていくと、驚くべき神の全能性を発見していきます。まさに、奥義の実体、キリストご自身に出会います。

　では、ゆっくりこの本を味わってください。今までにない多くの驚きと不思議があなたを待っていることでしょう。

　奥義の旅へ、出発です！

　日本では、キリストの奥義を更に深く学び、その真理を歩み成長する為に7年前より定期的に集いを持っております。既に、アマゾンで出版されている本もございます。ご興味を持たれた方は、それらの本を読んで頂くか、又は、下記のメールにご連絡ください。

キリストの福音の奥義を歩む集い
益田マーク、　カナダ　バンクーバー

連絡先：4okugi@gmail.com

אתה

この本を読まれる皆様へ、

　それは、決して忘れることの出来ない瞬間でした。
2013年2月28日に、あるカンファレンスに出席した時のことです。それまで名前も聞いたことのないスピーカーが話すや否や、会場にどよめきが起こり、突然全く違う次元が開かれ始めたのです。今では、ドクターオーとして多くの人々に知られ尊敬されているオボナイヤ博士との最初の出会いでした。神様の御名前と生きたヘブライ語の文字について博士が語った瞬間、私はまるで頭を一撃されて大宇宙に飛ばされるかのような衝撃を受けました。

　詩篇23篇は、多くの人々から愛され親しまれているダビデの賛歌ですが、ユダヤ教の背景を持ちキリストの奥義に通じたドクター オーは、皆様をこれまでとは全く違う世界へと誘うことでしょう。博士の照らす光により、あなたの前に今までに見たことがない光景が開かれて行くことと思います。例えば、第二章の静かな水は、一体どこに存在しているのでしょうか？ あなたは、これまでに考えてみたことがありますか？ あるいは、第五章に登場する神の食卓に、あなたが敵と共についている光景を思い描くことが出来るでしょうか？
　本書をお読みになると、エル シャダイ、全能なる神のスケールの大きさとゆるぎない愛が、今までとは全く違う形であなたに迫ってくるはずです。あるいは、あまりにも慣れ親しんだ解釈に凝り固まり、神様の心から遠ざかっていたことに気付き驚愕するかもしれません。

　霊的な深みを出来る限り正確かつ的確に表現して、より多くの皆様の心に届くようにという願いから、荒川恵美子さん、荒川裕介さん、押川晶子さんと共に検討を重ねました。時間と情熱を惜しみなく注いで下さった、奥義を共に歩んでいる三人に深くお礼申し上げます。

　この本を読まれる全ての皆様が、ご自身を与えるほどにあなたを愛しておられる真の神様と出会い、豊かに祝福されますように心よりお祈り致します。また求める人々には、全知全能なる神の光の陰で神の子としての歩みが始まり、つきることのない豊かな人生が広がっていきますように！ そして、全ての人々と変遷期の現代社会に、真の豊かさへの大きな扉を本書が開いてくれるように切望致します。

אתה

　イエス・キリストの十字架の御業が、天でも地でも褒め称えられますように!
　主に、全ての栄光が帰されますように!

２０２３年9月
敬子

אתה

# 前書き

　私が地元、カルフォルニア州ベニス市の教会で初めてこのメッセージを語っていた時に、神はご自身の豊かな心を人々に示すこと、また私達の地域社会、そして世界の家族がより大きなレベルの豊かさに移行することを約束して下さいました。

　お伝えしておきますが、この本はお金や財政、あるいはビジネスだけの話ではなく、あなたが惜しみなく与える寛大な人になる助けの為に書かれた本なのです。この本を完成させた時、神の神聖なご計画に畏敬の念を抱きました。なぜなら、コロナ禍の真只中で、地球が恐怖と欠乏の場所になっていたからです。

　この啓示を語ることにより、神があなたの人生の中で動かれ、あなたの人生で働いているシステムを変えて下さると信じます。この本は、キリストを信じる人々が人生のあらゆる領域で豊かさの道を歩み、豊かな者となる為の助けとなるでしょう。

　詩篇23篇は、多くの人が心を寄せる有名な聖句ですが、神は私に光を当てられて、この聖句の隠された奥義を明らかにされました。今度は、私にあなたの道を照らさせて下さい。

　この本は、神の友であるダビデが神の道を学んだように、あなたが同じ道を歩めるように、またあなたの人生のあらゆる領域で神の生ける水が尽きることのない場所へと導く自由への鍵、生涯を共にする鍵を与えてくれると私は信じます。

　私達が仕える神は、そのひとり子であるイエス・キリストを惜しみなく与えて下さいました。それは単なる世の救い主ではなく、父からの贈り物であり、人類に向かって「わたしは金や銀よりもあなた方を大切にし、わたしの創造物よりもあなた方を大切にしている」と語られた父の心から溢れている豊かさを表しているのです。

　この本で義の道を学ぶあなたに、知恵の霊があなたの世代を祝福し、あなたの人生の周波数そのものを喜びと希望、そして神の備えに対する美しい驚きと畏怖の念に変える歩みをしていく知恵を授けて下さいますように。

אתה

神の祝福を祈ります。

神があなたを祝福し、守られますように。

シャローム

アドナイヤ O. オボナイヤ博士

אתחה

## この本の読み方について

　詩篇23篇は、おそらく聖書の中でも最も有名で愛されている聖句です。確かに、私達が苦しみの中で御父に叫ぶ時には、まずこの詩篇がよく使われます。しかし、この詩篇23篇には、私達がまだ理解していない重要な真理や奥義が隠されており、それらは神との関わり方や神の備えの中で、私達の行動に反映されて行きます。そのことを、オボナイヤ博士は教えています。

　この本は、私達を詩篇23篇の奥義を解き明かす旅に連れて行ってくれ、私達の父の心の真の本質を発見する領域へと導いてくれます。ダビデ自身が通った道を辿りながら、神の御性質と、神がその無償の愛で私たちを満たすためにどれほどのことをされるのかを私達に教えてくれます。また、ヘブライ語の文字やゲマトリア（数字）が、神の優しさや憐れみの深みへと誘い、真実を更に豊かに現わしています。

　祈りと、古い見方や考え方の枠組みを壊す覚悟を持ち、この旅に一緒に出てみましょう。私達の父の善とあわれみをさらに発見し、父が永遠に 供給して下さるという無限の可能性に触れる準備をして下さい。巻末にはアレフ・ベートの表があります。それは、博士が特定の単語やフレーズをヘブライ語の構成要素に分けて解説する際に、あなたの理解を助けてくれます。

　さあ、神の奥義への扉を開く準備をしましょう！


注意：
ヘブライ語の文字には深い奥義が隠されています。
そのため、本書で使われているヘブライ語は通常の
綴り方とは違う場合もあります。

אתה

# 詩篇 23 章

## 主は、私の羊飼いです。

## ダビデの賛歌

1. 主は私の羊飼い。私は不足することはありません。
2. 主は私を緑の牧場に伏させ、私を静かな水のほとりに導かれます。
3. 主は私の魂を回復させ、御名のために、私を義の道に導かれます。
4. たとえ私が死の陰の谷を歩くことがあっても、私は悪を恐れません。なぜなら、あなたが私とともにおられますから。あなたの杖とあなたの大曲の杖が、私を慰めてくれます。
5. あなたは私の敵の前で、私の前に食卓を整え、私の頭に油を注ぎ、私の杯は尽きることがありません。
6. 必ずや、私の生涯のすべての日に、善とあわれみが、私を追って来るでしょう。私は、永遠に、主の家に住むでしょう。

（NASBKJV の訳）

אתה

# Chapter 1
# OUR EVER-PRESENT PROVIDER

今の時代、備えに対する私たちの視点を見直す必要があります。

## 第一章　絶えず共におられ、備えて下さる主

　私の考えでは、全ての戦争と全ての闘争は、人間が何千年にも渡り「充分ではない」と信じるように訓練されてきたからであり、それは「不足」というところから来るものなのです。これまでに世界で戦われてきた大きな戦争の幾つかを調べ始めましたが、その大半は経済に関わるものでした。私達の恐怖や不安の多くは、充分でないこと、不足に由来しています。家庭内の争いも、しばしば備えやその不足と深く関係しています。私達は全てを手に入れても、まだ足りないと思ってしまうのです。なぜか心理的に、決して 充分ではないという考えを信じてしまうのです。もし私達がそれを目で見なければ、そこには存在していないのだと考えています。<u>言い換えれば、不足を霊的なことにしたり、あるいは物質的にしか見ない傾向によって、私達は目に見えることを超えて理解出来なくなっているのです。</u>また、私達が持っている全てのもの、これまで私達に起こった全てのことは、既にそのために自分たちが働いてきたと教えられてきました。<u>それは偽りです。私達の備えに関する理解は、多くの誤った思い込みからきています。</u>

　なぜイスラエルの民は他の神を求めたのでしょうか？　荒野で彼らが必要としたもので、神が与えられなかったものは何一つとしてありません。神ご自身さえも彼らにとっては充分ではありませんでした。見たり、触ったり、戯れたりできる神を必要としました。つまり、自分達よりも劣った神を必要としていたのです。

אתה

　彼らは、神がエジプトから連れ出して下さるために何もする必要がありませんでした。神は全てを与えて下さいました。門柱に塗る子羊の血は、彼らが作ったのではありません。天使がエジプト人に彼らを解放させるように働いたので、その夜、何が起こったのかさえ知りませんでした。彼らに起こったことは全て、神の摂理の奇跡だったのです。神は完全にご臨在されましたが、神のご臨在さえも充分ではありませんでした。紅海の奇跡をユダヤ人の視点から理解すれば、神のなさったことを見ることが出来ます。聖書には、イスラエルの民が海に入り、海が両側の壁となったとあります。つまり、彼らの上にも横にも海があったのです。彼らはトンネルを通って歩きましたが、それはヘーイ（ה）という文字になり、その文字は別の次元への入り口だったのです。聖書にはこうも書かれています。

> 「イスラエルの陣営の前を進んでいた神の御使いが移動して彼らの後ろに行き、雲の柱は彼らの前から動いて彼らの後ろに立った。それはエジプトの陣営とイスラエルの陣営との間に入り暗闇と共に雲があり、それでも夜には光を与えた。こうして一方は一晩中、他方に近づくことはなかった。」　　　　　(出エジプト記14:19-20 NASBの訳)

　この箇所について、多くのユダヤ教の父達は、ヘブライ語の文字と神の御名の組み合わせによって、モーセがあるエンジェリックの構造を造り出し、エジプト人達との間に水を立たせることが出来たと述べています。神はイスラエルの民に、彼らは永遠かつ無限という中に位置していることを知らせているのです。神は、彼らにとってどのようなお方にも成り得るのです。

> あなたは他の人と同じように苦しんでも、あなたの視点により、あなたは生き残れて、彼らは生き残れないかもしれません。

　イスラエルの民が向こう側に渡った時、神はエジプト人の車輪を重くされた（*はずすと訳されている場合もあります）と聖書に書かれています。次のことを、思い出して下さい。聖書では、こちら側と向こう側の間に闇があり、エジプト人達は向こう側に渡ることが出来なかった、つまりイスラエルの民が別の次元にいたことも書かれています。イスラエルの民は全く違う次元にいたのです。彼らは水の中に入ったので、別の次元に行けるのが分かっていたのです。つまり、他の人と同じトンネルに入ってい

て、その人の車輪が重くなっている間、あなたは簡単に通り抜けることが出来るのです。他の人達と同じ経験をしていても、他の人達は生き残れなくても、違う視点によりあなたは生き残れるのです。イスラエルの民がトンネルから出た時、彼らはあらゆる場面で備えを体験しました。神は過程を変えずに、水の中に存在していたのと同じエンジェリックの構造を、暗闇の中でも見えるように夜は火の柱、昼は雲の柱として、彼らの周りに置かれたのです。それは、彼らが恐れているものが何であれ、彼らに向かって来るかもしれないことからイスラエルの民を守るのは、同じ過程を通してだったのです。彼らが叫ぶと、神ご自身のご臨在が、食物であれ、避難所であれ、備えを解き放って下さったのです。ダビデは「彼らは天使の食物を食べた」と言っています。イエスも言われました。「私が、荒野ではパンである」神はイスラエルの民に、自分達は奴隷であり、欠乏した状態で働いているけれど、備えについては全く心配する必要がないことを理解させようとされたのです。

　欠乏から出発すると、周囲は不完全になります。欠乏とは、単に食べ物のことだけではなく、生活を支える全てについてです。誰もあなたを満足させられないのです。充分あることを理解すれば満足出来て、満足すれば兄弟姉妹を愛することが出来るという原則を、神はイスラエルの民に伝えていたのでした。配偶者と争う必要はないのです。あなたの足りないという考え方が、あなたを困らせているのです。自分の周りにあるものに満足しないと、あなたは常にそこにないものを探し、そうすることで空虚の中を歩き回ります。その結果、あなたの世界は根本的な不足の感覚によって情報が与えられているため、あなたは自分自身が充分であるとは思わなくなります。<u>根本的な欠乏感を生きることにより、あなたは自分より劣る偶像を作り、それを自分を守る神とするのです。</u>

> もし、あなたが欠乏の場所から機能しているならば、決して安息を得ることは出来ません。あなたの心の騒めきに対する答えは、神があなたに備えて下さる能力についての視点を、あなたが変えることに違いありません。

足りないと思うと、人を物としてしか捉えられなくなり、恐怖と不安の中を歩むことになります。あなたの目標は天使になるのではなく、人間になることです。もし、あなたが自分自身を吟味するために時間をかけないと、本当の自分とは違う者だと思い込んでしまい、あなたは本来の人間であるのをやめてしまうのです。なぜなら、自分がそうでないもの

であると思い込んでいるからです。どうしてあなたは他人に対してそのような態度をとるのでしょうか？　自分自身を吟味することで、誰かに悔い改めを求めようとはしません。他人を悔い改めさせるのではなくて、自分自身を正して、神の方法、神の私達への関わり方が見える状態に自分を保つべきなのです。神は私達に不公平や不足から関わっておられるのではありません。

　羊飼いは、いつも羊の匂いを嗅いでいます。羊が病気であろうと健康であろうと、いつも羊の真ん中にいるのです。私達が欠乏の意識の中で活動するのは、神が存在しているのに気付かないからです。神は宇宙の全ての備えの担い手であり、ご自身の奥深いところから宇宙は生まれ、世界は絶えず創造され続け、そして私やあなたが創造されたのです。
　もしそれが真実ならば、私達も同じように神の備えの担い手なのです。ご自身を私達の全存在に吹き込まれているので、神の息は神の存在を私達の全存在へと駆り立て、神の内側にある全てのものに私達はアクセス出来ます。神が息をされる時、私達に命を与えて下さり、私達が呼吸する時には、神から受け取っています。
　神からの息によるお互いの繋がりは、父なる神の中にある同じ満たしが、あなたと私の中に入ってくることを意味します。ここで話しているのは上位（upper）の魂ではなくて、下位(lower)の魂です。なぜなら、あなたにネフェシュ（魂）を与えたあなたの息は、あなたの下位の魂であり、動物でさえもネフェシュ（魂）を持っているからです。あなたが呼吸する時は、単に肉体的な機能に関わっているのではなく、あなたに訪れるはずの神の完全な存在を思い起こさせているのです。ですから、伝道者の書の著者は「息がある時、希望がある」と言っているのです。

### 主は私の羊飼い　—私は不足しません—

　不足はどこから来るのでしょうか？ それは、内なる欠乏感からです。「私は欲する/欠ける/何も無しに/何も持たずに行く」の「不足/欲する」のヘブライ語は エフサル（אֶפְסָר）で、私は決して空手にはなりませんという意味です。あなたの手には、運命の巻物が書かれています。手相占い師があなたの手を読むのは、このためです。全ての古代人は、手に書かれている巻物があると信じています。聖書には、詩篇91:12で、天使がその手であなたを支えてくれることが書かれています。手のひらに刻まれた神の意図の記録は誰も変更することは出来ません。

「私は、必ず」というのは、断固としてそうであることと確信が表れています。なぜなら、ヤハウェのご臨在よって、手が常に神の意図からの流れと記録で満たされているのを保証してくれるからです。聖書には、これが神のみ心/善意と書かれています。

　もし、あなたが欠乏の場所から機能しているならば、決して安息を得ることは出来ません。あなたの心の騒めきに対する答えは、神があなたに備えて下さる能力についての視点を、あなたが変えることに違いありません。

### 主は静かな水のほとりに私を導きます

　静かな水が存在するのは、御座だけです。ヨハネは、海がガラスのようであったと表現しています。波紋さえもないほど静まり返っていたと言っているのです。ダビデは、どのようにして静かな水の存在を知っていたのでしょうか？それは、ダビデがそこに行ったことがあるからです。第二サムエル記の23章には、このように記されています。「エッサイの子ダビデ、天に（高く）あげられた者 」

　神がされているのは、あなたが不足の中で歩む言い訳が出来ないようにすることです。あなたが、自分の問題が悪魔のせいだと主張するので、神は十字架で悪魔を征服して下さいました。あなたは自分の罪が問題だと言ったので、神はご自分の血を与えてあなたの罪を洗い流されました。あなたは闇が問題だと言ったので、神はあなたを光にして下さいました。あなたは友達がいないと言ったので、神はあなたの友になり、あなたを天使達で囲んで下さったのです。ヤハウェは私達の永遠の備え主であり、私達は神から全て良きものを受け取っているという真理を忘れると、あなたは欠乏の中で活動するようになってしまいます。

אתה

אתה

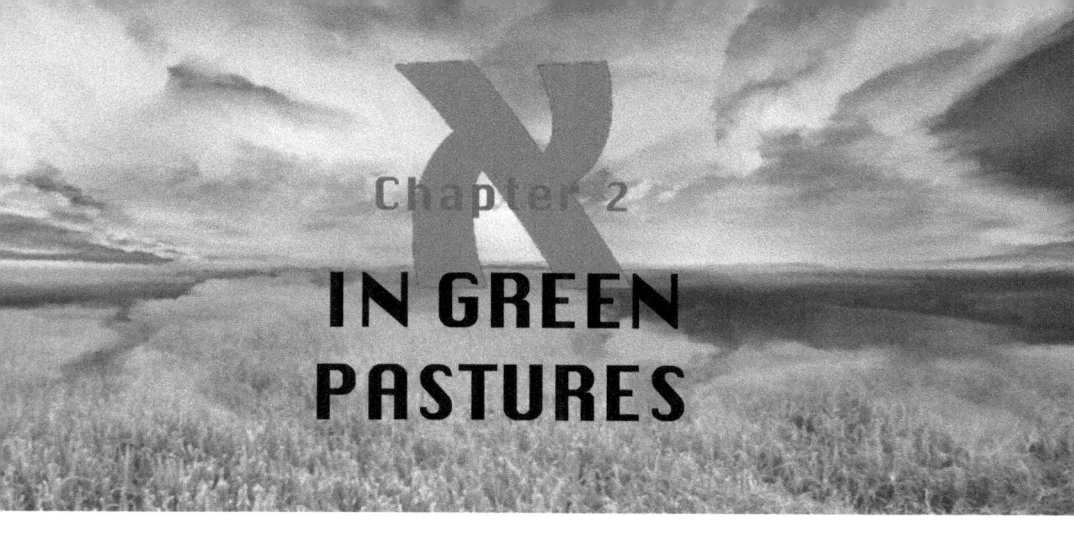

## Chapter 2
## IN GREEN PASTURES

いかにして「欠乏の心」から「充足の心」へ移行するか？

### 第二章　緑の牧場

　私達は、いつも足りないという欠乏の位置から機能するように訓練されてきました。世の中の全ての壁は欠乏や不安という考えに基づいています。全ての不安は、根底にある欠乏感に基づいているのです。欠乏の精神構造を処理すれば、人間は豊かさの流れに開放されます。政治は欠乏の考えに基づいています。経済学も、地球上の資源には限りがあり、人々が多くを手にしないようにしなければならないという希少性の考えに基づいています。私達は一貫して欠乏に基づいて行動し、それが私達の行動の全てに影響を及ぼしているのです。しかし、ダビデは、次のように聖句の中で綴っています。「主は私の羊飼い、私は欠ける（欲する）ことがありません」ダビデのように、あなたの人生にも欠乏感がないことが必要なのです。この詩では、欠乏がないのではなく、「わたしは欠ける（欲する）ことがない」と言っています。この言葉を口にすることで、ダビデは実際に自分の内側の構造に豊かさを設けているのです。

　詩篇23編で「羊飼い」に使われている言葉はラア（רָאָה）です。この言葉は、羊の世話をする羊飼い以上の意味を持っているので私は好きです。「主は私の見る道である」という意味です。ヘブライ語のイルエ（יִרְאֶה!）は見るという意味で、実際には提供するという意味ではありません。「主は私の見る道（見方）」ということになります。ですから、あなたがエホバ・イルエ（日本語では、アドナイ・イルエの場合もあります）

אכה

と言う時、あなたは主が私の供給者だとは言っていないのです。あなたが言っているのは、主は見ておられる、それゆえに私の見る道（見方）であるということなのです。

　なぜこれが重要なのでしょうか？ 神が世界を創造された時のことを思い起こして下さい。神は言葉を発せられました。そしてその時に、あなたの人生はあなたが言うことだけでなく、あなたがどのように見るかによって決定されることを、神は見ておられたのです。「主は私の見る道（見方）であり、私は欠ける（欲する）ことがない」神が見ておられるように見るのが私の道（見方）なので、そこから豊かさの流れが開かれていくのです。なぜなら人間は皆、欠乏の観点から見るように訓練されるまでは、内側の構造の中に神の供給の完全な記録を持っているからです。

　では、どのように見るのでしょうか？ ダビデは、このように続けています。

### 緑の牧場に、横たわらせて（伏させて）下さる

> 安息は睡眠ではありません。安息とは、何事にも動じない並外れた落ち着きと内なる静寂です。

　緑の牧場の住処に、私を横たわらせ、あるいは休ませて下さいます。このように始まる節は、私達の内側にある豊かさを用いて、解き放つための原則とテクノロジーの幾つかを教えてくれています。例えば、欠乏が不安や落ち着きのなさの原因なら、豊かさの感覚は安息をもたらします。もしかしたら、あなたが不安ばかり感じているのは、自分にないものや決して持てないかもしれないものに意識が向いているからかもしれません。

　あるいは、他の皆が手に入れているのに、自分がそこに行く前には無くなってしまうと思っているからかもしれません。もしそうならば、あなたは車のセールスマンのように行動していることになります。「今年最後のセールです！」どの広告も、この商品が無くなってしまうことを知らせています。「急がないと！ これをしないと、あれをしないと、無くなってしまい取り残されてしまう！！！」翌年も同じ広告が出て、同じように反応しています。

### 緑の牧場の家で、私に安息を与えて下さる

　この安息の原則は、神があなたを創造する前に、既に神の心と意図の中に存在していたご自身の豊かさ、あるいは豊かさの巻物を解き放つ

אחת

テクノロジーです。多くの人達は、安息は睡眠だと考えていますが、安息は睡眠ではありません。安息とは、自分の内側で何も動かされない時の、並外れた落ち着きと内なる静寂です。安息とは、激しい嵐のまっただ中で、猛り狂う波が押し寄せようとも、あたかも波が存在しないかのような状態にあることです。それは、あなたが自分自身を知っていて、正しい場所に焦点を合わせる視点を持っているからなのです。恐ろしいものを見ても、それをどのように見るかによっては、不安に襲われることもあれば、以前として平安を保ち続けることが出来るのを知っているでしょうか？見方には、注意しましょう。

創世記から神は安息について話し始められたのを思い出して下さい。「わたしはあなたがたに安息を与えよう。わたしはあなたがたに安息を与えよう。わたしはあなたがたに安息を与えよう。わたしはあなたがたに安息を与えよう。わたしはあなたがたに特定の安息（the rest）を与えよう」安息は働きを止めることではありません。安息は活動からの停止ではありません。それは、内なる平安です。アフリカでは、偉大なダンサーとは、動いているのに同時に静止している人だと言います。ヨーロッパでは、それを「優雅さ」と呼びます。だから、もしダンサーに優雅さがあれば、ダンスはいとも簡単に見えるのです。中心を見つけ、何があろうともそこに留まること。この中心を定めることは、家でテレビを見ながらブリトーを食べたり、コカコーラを飲んでいるような状態ではありません。それは安息ではなく、怠慢です。優れた戦士は、常に自分自身の内側で安息をもっています。

それなので、自分という存在の深さの中で安息することは、決して怠慢ではありません。安息することは、全てを止めることだと思っている信仰者があまりにも多すぎます。神ご自身が安息していることを、あなたは知っていますか？イエスは「父は今に至るまで働かれています。わたしも同じです」と言われています。しかし、また聖書には神は安息されたとも書かれています。それ自体が奥義です。神は働かれていると同時に、安息されています。それが神ご自身なのです。多分、安息という考えは、内側の奥深くに存在している静まり、何も思い煩わないという感覚を解き放つ最大の鍵の一つでしょう。あなたが安息を持っているかどうかを知る方法の一つは、周囲に何が起ころうとも決して動じない、絶対的な何かを信じているかどうかです。信仰は安息の表現の一つです。私達の多くは、それを「とにかく、信じなければならない！」というような精神的興奮に

変えてしまっています。実は、安息から働く信仰は、何かをすることによって働く信仰よりも強力なのです。神がイスラエルの民について語られたことに気付いたでしょうか？「彼らが信じないので、彼らをわたしの安息に入れはしない」と言われました。信仰は安息を創造しますが、安息は信仰を生み出します。なぜなら、もしあなたが信じなければ、あなたは平安を得られず、平安がなければ、信じることは出来ません。これは鶏が先か、卵が先かという謎です。

次に、ダビデは「主は静かな水のほとりに私を導いて下さる」と言っています。この場合、英語の訳はあまり助けになっていません。Beside（ほとり）に使われているヘブライ語の単語はアル（עַל）だからです。この単語は「上に」「覆う」という意味であり、ほとりという意味ではないのです。この違いを、今すぐ理解して下さい。アルとは、主が私を水の上に、それも静かな水の上に導いて下さるのです。視点が全く変わってきます。あなたは川のほとりを歩いているのではなく、実は川の中央に、そして川の上にいるのです。同時に、川より上にいて、川を覆っているのです。水は豊かさの象徴です。海には陸地よりも多くの生き物が生息していて、豊かさの源です。実際、ヤコブが息子の一人に与えた祝福の一つには、「海の豊かさがあなたにもたらされますように」という祝福があります。地上の海は決して　静止してはいないので、ダビデは地上の海のことを言っているのではありません。実は、天の海のことを語っているのです。なぜなら、天の海だけが、揺れ動くことなく何かを生み出している唯一の場所だからです。黙示録15：2に「わたしは海を見たが、それはガラスのように静かで、あるいは滑らかであった」とあります。ガラスの海ではなく、ガラスのように見えるということです。要するに、完全に静止している海であり、何をしても波紋が広がらない海なのです。時間の中に存在している海ではないので、波紋が起こらないのです。それは永遠という場所にあるので、時間の波紋はありません。何も動かない、つまり不変の海です。もしあなたがその海で活動し、神があなたをそこに置かれるならば、季節はあなたにとって重要ではなくなります。なぜなら、あなたはいのちの根源に生きているからです。時間や変化や波乱は問題ではありません。あなたが若くても、年をとっていても、黒髪でも、白髪でも、赤毛でも、青毛でも、あなたが海の上にいるということは、神が地上に豊

> 「安息」という考えは、内側の奥深くに存在している「静まり、何も思い煩わない」という感覚を解き放つ最大の鍵の一つでしょう。

かさを放つ場所に立っているのを意味しているのです。あなたは海の中ではなく、海の上にいるのです。そこは統治と管理の場所です。安息は、煽ることなく、豊かさを生み出す穏やかな場所であるのを忘れないで下さい。

> 富は外からではなく、内側から来るものなのです。

フランスの良い話を、少ししましょう。フランスは、国民に土日の休みを与えるようになった最初の国の一つです。その当時は、誰もが「フランスは経済的に滅びる」と言いました。しかし、国民に休みを与えれば与えるほど、経済の生産性が上がることを、すぐに発見したのです。休養すると、エネルギーを得て元気に職場に戻ってくるのが、現在では分かっています。それなので、今では国の法律になっています。特に肉体労働の場合は、3時間以上休憩なしに働かせることは出来ません。組織心理学者でさえ、こうしたことが必要だと知っています。

何かを休ませれば、新しく生まれ変わるというのは、自然界に備わった法則です。だから、休んで下さい！ あなたが安息から行動すると、自分の中の豊かさが活性化されて、ダビデが「主は私の魂を回復して下さる」と言った次の場所が与えられます。あなたに若返りを起こす何かが、あなたの内側に起きるのです。そしてその度に、あなたは新しいものを生み出していくのです。また、安息はあなたの無意識にアクセスすることを可能にします。あなたが安息するまでは、無意識にはアクセス出来ません。あなたは潜在意識から行動しています。潜在意識は、あなたの混乱を全て押しつけている場所です。無意識は、天からあなたと一緒にやってきた魂の全ての記録が押し込まれた場所です。社会がどのようにあなたを訓練してきたかによって、そこに押し込まれてしまっているのです。あなたの痛みと悪い経験に基づいているので、ここにアクセス出来ないでいるのです。あなたは混乱という視点から行動していますが、安息する時にそれまで心配に明け暮れている時には、到達できない神の意識に到達することが出来るのです。

### あなた自身が豊かさです！ 資本主義に例えて話してみましょう

実際には、私達は誰かのために働いているから給料をもらっているわけではありません。あなたが、持ち運んでいるものがあるから給料がもらえるのです。このように考えてみて下さい。自分の内側にあるものを誰か

אתה

に渡して、その人が現金を払ってくれます。富は外から来るものではなく、内側から来るものなのです。富を本当に手に入れる唯一の方法は、安息に至ることです。それなのでイエスは、このように言われているのです。「全て働いて疲れていて、重い荷を負っている人は、わたしのもとに来なさい。そうすればあなたがたを休ませてあげよう」そして聖書は、「その安息に入るために労苦せよ」とも語っています。あなたは、安息の場所に入ることに焦点を絞るべきです。ボビー・マクファーリンが有名な曲で歌ったように「Don't worry! Be Happy!（心配しないでハッピーにいこう！）」ということなのです。

אתה

Chapter 3

PATHS OF RIGHTEOUSNESS

次の箇所で、ダビデは言っています。
「御名のために、私を義の道に導かれます。」

## 第三章　義の道

　私達の問題は、先程も話したように、欠乏の概念の中で育ってきたことです。私達は皆、物が尽きてしまうという考えで育ってきました。それ自体が根本的な問題なのです。そのために天の父の増加を充分に生きることができないのです。私達は、神が充分な量を持っておられないとさえ思ってしまいます。あなたはそのようには思わないと言うかもしれませんが、「神様は、面倒を見なければならない人達が他にいます。私は神様を煩わせたくはないのです。神様に迷惑をかけたくないのです」と言う信仰者達と話をしたことがあります。実際私は、このように言う人達のカウンセリングをしています。この問題の一部は私達が、生まれた時から世界は欠乏の中で生きていると刷り込まれていることです。足りないと思うから、私達は互いに殺し合うのです。仕事のポストでも、募集人員が少ないと思い怒ります。

　神が豊かに与えて下さると分かっているものを巡って、二人が争っているのを見たら、神の真理に沿って論理的に考えていないのを認めさえすれば良いのです。それが、私達が機能している方法なのです。しかし、私はあなたを励まします。あなたは父なる神の充分な備えとともに、地上に送られたのです。実際には、神はアダムから備えを取り上げたのではなくて、人はそれを現すために汗をかくと言われただけなのです。あなたはそれを実現するために汗をかくのです。神は決して豊かで

אאה

なくなるとは言われてはいないのです。これからは、それにアクセスするために汗をかきなさいというわけです。ですから、あなたは自分が豊かさから来たという事実を肯定することから始めて、豊かさの中で機能し、豊かさの中で生き、豊かさの現れに向かって歩んで行くのです。それは、既にあなたの内にあるのです。これは繁栄のメッセージではありません。そのようなメッセージには問題がありますが、私は皆さんが、神のことを足りないとか、欠如している神だと考えて欲しくはないのです。あなたの順番が来た時に、神は使い果たして何も残っていないのでしょうか？もし、あなたが本当にそう信じているなら、あなたの人生や物事の捉え方は、あなたの行動とは違うものになるでしょう。ダビデは「主は私の羊飼い、私は欠けることがない」と言っています。というのは、「欲する(want)」という言葉は、「まだ与えられていないものが必要だ」と常に感じていることと関係があるからです。

神が羊飼いなら、羊を備えのある場所に連れて行くのは羊飼いの責任です。あなたが心配していることは、あなたの責任ではないのです。羊の責任は一体何でしょうか？牧草地に着いたら食べることです。草を植えようとしている羊を見つけたことがあるでしょうか？あなたの備えはとても満ち足りているのに、あなたがそれを得られないのは、あなたの物事の見方や認識が神の備えとあなたの間の流れを塞いでいるからなのです。では、私達が備えにアクセス出来るようにするために、神は何をされるのでしょうか？私達を緑の牧場に伏させ、静かな水のほとりに導き、魂を回復させ、主の御名のために義の道に導かれます。

ここでは、「私を導いて下さる」というフレーズについて話しましょう。私はこのヘブライ語の表現が好きです。ヘブライ語では、「彼は私を甘い言葉でおだてます」という意味なのです。甘い言葉でおだてると言っても、強制するわけではありません。もともとこの言葉は、親切心で人を導き、ある方向に進むように促すという意味で使われています。私達は、豊かさにアクセス出来るように、神に導いてもらう必要があるのです。導きについても少し話しましょう。導きとは、強制することではありません。神は、あなたが備えがあるところに行くことを強制はされません。神が働く方法は、あなたにそれを示すことです。ですから、あなたが備えがあるところを知ることが出来るようになるためには、あなたの目が開かれなければなりません。山の上にいたアブラハムを覚えているでしょうか？聖書には、「山の上で、主が見られた」とあります。ヘブライ語では、

アブラハムはその場所をエホバ・イルエと呼んだとあります。前の章で話したように、エホバ・イルエは「主が与えて下さる」という意味ではなく、「主がそれに対してご覧になった。請け合う」あるいは「私が、それを見てあげよう。面倒をみましょう」という意味です。そこで彼はその場所をエホバ・イルエと名付けました。これは山の上で備えが見られるという意味です。つまり、私達の見る力にこそ、備えの鍵があるのです。このように考えてみて下さい。実際に、あなたは備えに取り囲まれているのです。人々が毎日お金を稼ぎ、富を築いているのが事実なのです。そこには原則があり、技術があり、日々取引されているものがあるのが現実なのです。それがあなたに見えなければ、あなたにとっては何の関わりもありません。見えなければ、アクセスすることは　出来ません。だから、私達に必要なのは、実際に見る方法を学ぶことなのかもしれません。なぜ、それが重要なのでしょうか？　見ることが重要なのは、見ることによって、霊的なものが物質的なものになるように確認されて、肯定され固定されるからです。

　同じ原則は、量子の領域にも当てはまります。光は波であるのか、それとも粒子なのでしょうか？　それは誰の目で見るかによります。神があなたに望んでおられるのは、信仰の目を持って見ることです。信仰は、あなたの状況をあなたが対処できるものに変えます。どのように見るかがとても重要なのです。あなたが何も見なければ、何もそこには存在しないでしょう。もしあなたが神の備えを探している時に、何も見えないと言うならば、それがあなたが手に入れるものになるのです。では、あなたに質問しましょう。聖書には、このように書かれています。「見なくても信じられるなら、あなたは幸いです。」(NASBの訳ヨハネ20：29)もしあなたが「見るまでは信じない」と言っているのならば、信じられるように見る必要があります。物理的に見るのではなく、霊的に見る必要があるのです。もし、見ることが信じることであるのならば、見ることが出来るように祈る必要があります。もし、見るのが本当にあなたの問題であれば、神に求めるべきことは、見えるようにして頂くことです。なぜなら、もしあなたが自分の内側で見るか、あるいは心の目で見るか、または霊で見るか、もしくは魂で見るならば信じるようになるからです。そして、もしあなたが信じるなら、信じる者にとって不可能はないのです。

> 神があなたの中に入れて下さったものは、全て豊かさを引き寄せるためのものです。

אאח

　多くの見る方法があります。霊的な洞察力がないとしても、感じる視覚があるとします（誰もが霊的なものを見るわけではありませんが、誰もが自分の周りに何かがあると感じることは出来ます）。さあ今、あなたが自分の感覚を視覚として用いて、豊かさを感じるように自分を訓練してみましょう。なぜなら、もしあなたが備えを感じることが出来れば、多分それが見えるからです。問題は、私たちが貧しさや欠乏を感じ、それを感じるように自分を訓練していることです。同時に、どのように全てが終わるか、家にはお金がなく、食器棚に何もない、家に食べ物もなく…などという話を自分にしているのです。しかし、もしあなたが豊かさを感じるように自分を訓練し始めたらどうでしょう？ある人は、私達が感じることは、私達が自分自身にそれを引き寄せるので、宇宙が私達に与えるために曲がると言っています。

　神があなたの内に入れて下さったものは、全て豊かさを引き寄せるためのものです。神があなたの内に入れて下さったものを、間違って使ってしまうかもしれません。しかし、その根源は悪ではありません。あなたが正しい使い方をしていくと、人生に必要なものを引き寄せていきます。あなたの感情は磁石のようなものです。古い世代の人達の中には、「人を惹きつける個性」と呼ばれるものを身につけるのに時間を費やした人達がいます。しかし、実際に彼らがしていたのは、自分の願望を感じることなのです。そのための最良の方法の一つは、豊かさについて書かれた聖書の一節を取り上げて、それを自分自身に語りかけ、肉体がそれを感じられるようにすることです。声を出すことにより、それを感じることが出来ます。私達は多くのものを用いることができます。壁に向かって話しかけ、それが反響して戻ってくるようにしなければならなかった古代人とは、私達は違うのです。あなたは、次のようなことを知っていましたか？殆どの大聖堂が建てられた理由の一つは、その大聖堂の中にいる人達が話すと、その音が反響して自分に戻ってきて、体がある周波数で振動し、そのことにより何かにアクセス出来るようになるからだったのです。

> 神は、あなたの目を開くようにと呼びかけておられるのです。

大聖堂の反響音は、単なる騒音ではありません。あなたの声が壁や天井に当たると、その音は振動してはね返り、あなたの体に戻ってくるのです。さて、現代においては、豊かさや増加、有り余って溢れるほどの状態について書かれている聖句を、あなたの最高の声で、あなたの喜び溢れる声で、そしてあなたの信仰に満ちた声で録音して、寝ている間にそれを聞いて下さい。私の

29

声は必要ありません。あなた自身の声が必要なのです。何かを感じたら、それは全てに影響します。見えるように祈りなさい。聖書の中には、人々が祈ると、神が彼らの目を開かれて見えるようになっている箇所が非常に多くあります。ハガイ、サウル、ヤコブ、アブラハム…。アブラハムは後ろを見て、子羊を見つけました。つまり、彼は振り返って見て、そこに見つけ出して、それを取ったのです。これは信じ難い程のことです！ しかし、私達はまだ見逃していることがあります。何世代にも渡り、ユダヤ人達は貧しい民でした。地上で最も貧しい民でした。なぜだか、分かりますか？ 神は40年間かけて彼らに天の富を示しました。それはユダヤ人にとって、見ることが出来るようになるためです。あなたも同じように出来ます。神はあなたを天から地にもたらして下さいましたから、あなたには天のものを見る能力があります。あなたには、そこにあるものの全容を見る能力があるのです。

次の節でダビデは、「主は私を義の道（小道/paths*複数形）に導かれる」と言っています。

他の人々が小道に導いて下さると言うのを聞いたことがありますが、それは一本の小道ではありません。

道は一つですが、その小道は沢山あります。イエスはその幾つかを私達のために、山上の垂訓で示して下さいました。マタイの福音書の5、6、7章のイエスの戒めの全てを読むと、更に多くの事が書かれています。イエスが私達に求められた行動は32の道がありますが、あなたが何かを出来るようにこれらのことを言われたのでは無くて、全てにアクセス出来る道を与えて下さったのです。なぜなら教えの全体は神ご自身が全てを供給して下さるということだからです。私達は、この章と節に影響されすぎて、マタイの福音書の他の箇所で語られている戒めから山上の垂訓を切り離して考えています。1節：山に行き、2節：これから話します、3節：これから垂訓を与えます。しかし、これらは一つのまとまった教えであることを思い出して下さい。全体的に見ると、まさに神の満ち足りた状態から生きること、天の満ち足りた両方の状態から生きることについての教えなのです。例えば、「心の貧しい人々は幸いです、彼らは地を受け継ぐでしょう」(*英語と日本語の聖書の訳は、少々違います。)実際、全ての喩え話は、ビジネスと、溢れるばかりの豊かさへのアクセスに関することです。

אתה

　多くの喩え話の中には、人が何かを漠然と見て、見つけ出して、そしてそのものを見つめるというパターンがあります。神はあなたに目を開くようにと呼びかけています。目を開く方法を示し、あなたを導きたいと願っておられるのです。ナイジェリアには、このような言葉があります。「あなたの目を輝かせて下さい」これは、目を覚まして、何が本当に起こっているのかを見なさいという意味です。あなたの目は大切なのです。霊的な目、魂の目、肉体の目を輝かせて、その全ての領域や次元において主があなたをどのように導いておられるのか注意深く耳を傾けて下さい。

　そのように、神は私を義の道に導いて下さるのです。義の道があるのは知っていても、聖書の中では、義は繁栄と結びついているのを知っているでしょうか？自分は義ではないと思っているのは分かりますが、それは誰もが知っていることです。あなたも、私も知っています。しかし、あなたの言う義は、神が定義されている義とは違うのです。義の道を歩むことは、全てを正しく行うことを意味してはいません。イザヤ書３５：８では、神は大路を造り、足が不自由な人や愚か者でさえも、そこから迷い外れることはない（*日本語聖書の訳は少々違います）と言っています。もし義が、あなたの全ての正しい行動に依存していたならば、永遠に待つことになります。今は、そのような考えを頭から追い出して下さい。実際は義の道とは、実は神への愛着と愛の道なのです。このような道は沢山、沢山、…沢山あります。箴言 8:1-3 にはこのように書かれています。

　　　　「知恵は呼び、理解はその声を上げるではないか。
　　　道の傍らの高台の上、道が交わる所に、彼女は立つ。
　　　　　　門の傍ら、都への入り口にある。
　　　扉の入口で、彼女は叫ぶ」　（NASB の訳）

　更に読み進めると、ソロモンは「その声に耳を傾ければ、豊かさと富を手にすることが出来る」と言っています。知恵ある者の冠とは、一体何でしょうか？豊かさです。あなたの知恵は何でしょうか？神がイスラエルに命令をした時、モーセは「これがあなたがたの知恵であるから」と言いました。ちょっと待って下さい！ 知恵は人なのでしょうか？ 知恵は女でもあり男でもあります。聖句から言えるのは、知恵は女性です。知恵は "She（彼女)" と呼ばれています。知恵はあなたの最初の相談相手です。知恵はあなたのDNAが地上に置かれる前から、あなたを知っていました。このように、知恵は女性です。ところがその後、聖書は一転して、

אחכה

「神の知恵であるイエス・キリスト」と言っています。(1コリント1:30) 知恵は息子であると同時に、母でもあるのです!イエスが十字架にかかられた時、ヨハネに「あなたの母を見なさい！」と言われたのは、この知恵のためです。「女よ、あなたの子を見なさい！」知恵がそのように語る理由は、古代人達によれば、知恵は常に豊かさを身ごもっているからです。私達は、知恵は物事が実現するように命令する実際的なアイディアだと言います。しかし箴言を読むと、知恵は何かを建て上げているのではないので、そのようなものではありません。知恵は神の御前で祈り、神の御前で戯れたり踊ります。

真の知恵は、神がなさることを楽しんでいます。もし私達が神がなさらなかったことを気にしているのならば、神がなさることを楽しむことは出来ません。知恵は私達が言い続けているようなものとは違います。私達は知恵の前に「実際的」という言葉をつけてしまっています。もう一度、箴言8:22-31を読んで見ましょう。

「主はその道の始まりに私を所有されておられた。
いにしえの御業の前に
永遠の昔から、私は確立されていた。
はじめから、地球の太古の時代から。
深淵のない時に私は生まれ、
水のあふれる泉のない時に私は生まれた。
山々が立てられる以前から
丘より先に、私は生み出された。
まだ、地も畑も、世界の最初の塵も造られなかった時に。
神が天を固く立てた時、私はそこにいた。
主が深淵の表面に円を刻まれた時、
主が上のほうに大空を堅固にされた時。
深淵の源が定まった時、海にその境界を定められた時、
その時、私は神のかたわらで、熟練の職人としていた。
そして、私は日々、主の喜びとなり、いつも主の前で喜び、
その世界で、神の地で喜びました。
そして、人の息子らを喜びました」

知恵は、そこに何もない時に喜び、主が何かを創造される度に喜び、踊りました。主が無の上に円を描いた時、彼女はそこにいて、主と共に

חכמה

見て、喜びました。息子達が地上に存在する前から、息子達と一緒に喜びました。真の知恵は、神が既にされたことや、されていることを楽しんでいます。神がされていないことに文句を言ってはいないのです。

つまり、義の道の一つは、あなたと神との間の相互に繋がっている道なのです。この道は、神のなさることをあなたが楽しみ、喜ぶことを通して、完全な豊かさへと導く道なのです。

私達が欠乏、貧困、制限を受け続ける理由は、与えられたものを大切にしないことにあります。私達は常に何かを探していて、今あるものを喜ぶことが、開いた扉を大きくする原因であるのに気付いていないのです。例えば、1ペニーか1ドルであっても、子ども達にあげればとても喜びます。 しかし、もしその子ども達の友に1ドルをあげたら、その子達は自分が1ドル持っていることを忘れて、友達の1ドルを奪い合うようになります。私達もそのような行動をとることがあります。ブレイクスルー（困難の突破）、繁栄、豊かさの鍵は自分自身であるという考えこそ、紛れもなく確かに聖書的なのです。

> あなたの豊かさがどこにあるのか、神があなたに視力を与えてくださるよう求めて下さい。神があなたを指し示していることに気付き、ショックを受けるかもしれません。

あなたの豊かさがどこにあるのか、あなたに視る力を与えて下さるように神に求めて下さい。神があなたを指し示していることに気付き、ショックを受けるかもしれません。あなたの内にあるものを見る方法を学びましょう。第二に、知恵を得ることです。知恵を得るというのは、何かを作る技能を学ぶことではありません。それは、後で学べば良いのです。知恵を得るには、知恵が愛（神）の前でしたように、自分の持っているものを喜び、自分の持っているものについて頻繁に言葉に出して語ることです。そうすれば、あなたの持っているものは、あなたに香りを与えてくれるでしょう。必要なのは「種」だけです。全世界が必要なわけではありません。ただ、その上で歌えばいいのです。混沌の中にあっても、それを喜べば良いのです。

今の時期、神は私に「私の民を豊かな心に触れさせたい」と語られました。お金を与えるのではなく、「豊かな心に触れさせる」と言われたのです。それは大変重要だと思います。世界は枯渇するわけではありません。常に、あなたにも充分な量があるのです。あなたの番が来る前に

無くなることはないのです。神はあなたを創造して「この人が世に現れた時に、私の豊かさは全て止まります」とは言われませんでした。そのようなことは、決してされません。あなたが直面しているものが何であれ、あなたは同じ豊かさを携えているのです。あなたが今直面していることは、道のりの途中にあるでこぼこに過ぎず、それはあなたを次の豊かさのレベルへと導くための起爆剤なのです。では、あなたはどうすれば良いのでしょうか？豊かさに思いを集中して下さい。あなたの感情で豊かさを受け取って下さい。あなたの手の中にあるものを祝って下さい。それを、祝って下さい！怠惰でいるという意味ではありません。怠惰は、人々が治さなければならない病気です。怠惰な人は、今あるもので神を褒め称え、礼拝することが出来ません。なぜなら、そうするためには、全身の力が必要だからです。あなたの内側の全てが文句を言っている時に、文句を全く言わないのには力が必要です。何もかもが上手くいっていないように見える真っ只中で、喜ぶには強さが必要です。自分の持っているものの中で神を礼拝し祝っている人は、実は大変強い人なのです。

# Chapter 4
# WALKING IN THE SHADOW

**詩篇23篇は、備えと溢れる可能性の原則を説いています。**

第四章　陰を歩く

しかし、4節になると、

「死の陰の谷を歩いても。<br>
私は災いを恐れません。あなたが私と共にいるからです。<br>
あなたの杖*（rod）、あなたの大曲の杖*(staff)。<br>
それらは私を慰めます。」<br>
(NASBの訳)<br>
*補足：二種類の杖

　...私達信仰者は、死の陰の状況下で、どのようにこの豊かさの原則のもとで機能するのでしょうか？

　私達の人生には、神の豊かさ、神の繁栄、神の溢れ出る状態、豊かさの流れから遠ざけ、あるいは殺してしまう陰があります。ダビデが「私は死の陰の谷を歩いている」と言う時、実はヨブの言葉を引用しています。ヨブは「死の陰」という言葉を少なくとも5回使っていますが、これは「私の人生の陰が消えつつある」という非常に否定的な意味です。ヨブの考え方では、陰は一時的なものであり、移り変わって行きます。　不変的なものでは決してありません。手に負えない暗いものなのです。私が育った伝統では、いのちの木の話をすると同時に、陰の木の話もします。陰、あるいは影は英語では、悪霊のようにも用います。悪霊のことをあれこれ考えたくはありませんが、ここではポイントになることがあります。繁栄の流れ、あるいは羊飼いの根本的な性質や羊飼いの心の流れ、そしてそれに伴う全てのものに対して、自分自身が神と

אתה

一直線に並ぶ位置に着くことです。安息から生まれるものを受け取る能力を妨げるある種の態度、考え方、反応を作り出すような出来事を変えるように神と一直線に並ぶのです。ですから、ダビデが「たとえ死の陰の谷を歩こうとも、私は災いを恐れない」と宣言しているのは、あなたにとって死の陰は本当は必要ないことを意味しているのです。

では、それはどうしてなのでしょうか？ 神は、既にあなたのポジションについて語っておられるからなのです。

この節をもう一度読んでみて下さい。

「主は私の羊飼い、
私は不足することはありません。
主は私を緑の牧場に伏させ、
静かな水のほとりに導かれます。
主は私の魂を回復して下さいます。
私を義の道に導いて下さいます。
主の御名のために。」 （NASB の訳）

主は既にあなたのポジションを教えてくれています。死の陰の谷に留まる必要はないのです。

エペソ1：3には、こう書かれています。

「私たちの主イエス・キリストの父なる神がほめたたえられますように。神はキリストにあって、私たちを天の所（複数形）であらゆる霊的祝福をもって私たちを祝福してくださいました。」 （NASB の訳）

この世は陰の世界ではありません。陰は光の位置によって動きます。陰があるとすれば、それはどのような陰なのか、そしてその陰を落とす光の位置はどこなのか、ということを問わなければなりません。

死の陰があり、生の陰があります。また、神の御翼の陰があります。私が言おうとしていることに、気付きましたか？ 陰の種類は、それがどのタイプの光から来るかによって決まります。死の陰は、あなたの目と心を、あなたが既に座っている詩篇23篇の最初の3節から引き離すように、偽り

את הב

の光があなたの人生に投げかけられた結果なのです。あなたが死の陰の谷にいる時、その陰は偽りの光によって投げかけられたものであることを理解しなければなりません。

> 既に霊的な領域で確立されたもの以外に依存し始めたら、自分自身に誤った陰を作り出してしまいます。

では、様々な光の源がありますが、その幾つかについて話しましょう。あなたは、神があなたを繁栄させたいと願っておられることを知っています。神はあなたが必要とするものを全てお持ちです。神はあなたの人生に働きかけたいと願っています。あなたは、神があなたに惜しみなく与えて下さるのを知っています。しかし、ある状況が生じた時には、一次的な問題や状況、人から言われること、自分自身に言うことなどを信じ始めます。人はあなたに良いことを言ったかと思うと、次の瞬間には酷いことを言うものです。そうなると、経済の予測や世の中で起こりうるあらゆる否定的な出来事に影響されるようになります。霊的な領域で確立されたもの以外に依存し始めると、自分自身に誤った陰を作り出してしまいます。その陰は人を殺します。陰が最初に殺すのは、あなたが既に知っていることへの良い執着とあなた自身の集中力です。どのようにして殺すのでしょうか？疑いを生み出すことによってです。疑いは死の陰です。これは、一体どういう意味でしょうか？疑いが死の陰であるならば、信仰は光の陰です。信仰とは「たとえ死の陰の谷を歩もうとも、私は悪を恐れない」と言うものです。

歩くことに少し注目してみましょう。偽りの陰を克服して、陰を変える方法の一つは、そこに留まり続けないことです。決して身動きが取れなくなったり、自分の身に起こったことに固執するのを許したりしないで下さい。それはあなたを殺すでしょう。あなたを破滅させてしまいます。死の陰に対処する方法の一つは、歩き続けることなのです。

> 死の陰の谷から抜け出せないでいると、それは非難の陰を生み出します。

次に、恐怖に対処する必要があります。疑いのあるところには、必ず恐れがつきまといます。そして、恐れは何をもたらすでしょうか？疑いと恐れの両方が、死の陰の谷から抜け出せなくさせるのです。ダビデが「私は死の陰の谷を歩むが」と言っているのを読むと、「その陰とは何なのか」と私は自問します。ダビデは私達のためにそれらのリストを

挙げています。疑いは陰です。恐怖も陰です。私達は、ビジョンの欠如を陰だと言っていますが、実は盲目なのです。箴言29：18には、「ビジョンがなければ、人々は滅びる」（KJVの訳）と書かれています。 ですから、ビジョンがない時、あなたは目が見えないだけでなく、死の陰の谷にいるのです。

ビジョンの欠如は、あなたをらせん状の奈落の底（アビス）に突き落とします。もしそれが起こり、私が死の陰の谷から抜け出せなかったらどうなるのでしょう？ もし私が疑い、恐れ、そしてビジョンが持てなかったら、どうなるのでしょうか？ 私の場合は、自分が動くのを邪魔しているのは誰なのかを探そうとします。死の陰の谷から抜け出せないでいるということの一つは、肯定的な意味であれ、否定的な意味であれ、自分が本来は何者であるかが見えなくなっているのです。 人が自分のことを否定的な意味で語る時、実は、誰かのせいにしようと探しているのです。「一体、なぜ私がこのようなことをするのか、なぜ私はこのような状況にいるのか？」と言うのです。勿論、それは悪霊のせいにされます。悪霊が全ての責任を負わされるのは、分かっています。ある人は、神を責めることさえあります。

死の陰の谷から抜け出せないと、非難の陰を生み出します。これは誰のせいなのだろうか？ 決して、私のせいではない！ 私のせいであるはずがない!!

では、私が死の陰の谷を歩く時、悪を恐れずにいられるのはなぜでしょうか？ 四節に「あなたが私とともにおられるからです。あなたの杖とあなたの大曲の杖、これらは私を慰めてくれます」とあります。ヘブライ語では「貴方」はアター（אַתָּה）と書き、神の御名前を指しています。

貴方[達]　　　　　　　（אַתָּה）

昔の英語では、アターはザウ（Thou）と訳され、王族と関連しています。今日、私達が「あなた」と言う時、それは誰にでも使える一般的な言葉ですが、この場合の「貴方」には、このように王族や尊敬の念が込められているのです。

ダビデは、私が陰を扱えるのは、アターが私と共にいるからだと言っ

אתה

ています。―アレフ、タヴ、ヘーイ（אתה）―もしヘーイ（ה）を取り除くと、アルファとオメガであるアレフとタヴが残ります。アレフは、アターの最初に位置していますから、閉じたシステムを開くものです。言い換えれば、私が怖くないのは、常に可能性が開かれているシステムの中にいるからなのです。アターが私とともにいるから、可能性が私とともにあるのです。ヘブライ語には2 種類の陰があります。詩篇91篇には、このように書かれています。

「いと高き者の隠れ場に住まう者は、
全能者の陰の下に住むことになる。」(NKJVの訳)

もう一度、「私はわざわいを恐れない」という箇所のヘブライ語の発音を見てみましょう。"ロー イラー ラー"

| ラー | イラー | ロー |
|---|---|---|
| (רָע) | (יְרָא) | לֹא |
| 邪悪 | 恐れ | ない（否定） |

「イラー」はヨッド、レッシュとアレフの組み合わせで、悪を意味する言葉はレッシュとアレフであることに注目して下さい。ヨッドが加わったことで、これは神の御手であり、悪の上に立っていることを表しています。「ラー」は悪ですが、「イラー」は悪の上に立つことです。それなので、私は悪を恐れずに死の陰の谷を通り抜けるのです。

なぜなら、アターが一緒にいて下さるからなのです。そして、私の前に開かれた可能性があるからこそ、私は前に進み続けることが出来るのです。私と共におられるのが誰であるかを理解しているからこそ、私は決して行き詰まることがありません。アターが一緒にいるだけでなく、その杖と大曲の杖が私を慰めてくれるのです。

次に、杖(rod)と大曲の杖（staff）の話をしましょう。実際、これらは神の家の二本の柱で、神が私を慰めるために用いておられます。一番目はあわれみ、もう一方は力です。主のあわれみと力が私の慰めである理由です。

אתה

| イェーナハムニ | ヘマ |
|:---:|:---:|
| (וְנִחֲמֻנִי) | (הֵמָּה) |
| 慰める | それらは |

　アターが共にいて下さり、私の右にはあわれみ、左には力をもって、可能性を広げてくれているのを思い出します。力とあわれみは、いつか先の未来に私を慰めるものではなく、今、私に安息のポジションを与えてくれるものです。詩篇23篇の冒頭で父が既に語られたことを私が受け取れる唯一の方法は、安息の場所に入ることなのです。この目標を決して忘れないで下さい。私が死の陰の中にいる時でも、私は安息の位置に自分を見出さなければなりません。なぜなら、これら全ての陰が来る理由は、私を安息から遠ざけて、実際に私のものを受け取れなくするためです。私が動揺するので、大切な瞬間を逃してしまうのです。

　特に今、私たちが置かれている世界では、欲深い権力者たちが恐怖のシステムを作り出そうとしているので、この安息の位置に留まることを学ばなければなりません。私達の好き嫌いに関わらず。福音派であろうと、ペンテコステ派であろうと、それ以外の何であろうと、私達は死の陰の谷を歩んでいるのです。世の中には様々なものが現れてきますが、信仰者はどのような状況にあっても、アターがいつも今、存在しているという理解から決して離れてはいけないのです。信じる者にとって、あわれみと力は常に存在し、慰めと安息を与えてくれます。この慰めと安息があるからこそ、信仰者は動揺の中にあってさえも受け取り、死の陰の谷の中にあっても繁栄出来て、死のあるところでさえもいのちを生み出せるのです。

　あなたの杖、そしてあなたの大曲の杖は私を慰めます。これらの陰は永久のものではありません。それらは一時的なものにすぎません。特に、死の陰はそうなのです。唯一の永続的な陰は、神の御翼の下にあります。それは、エルシャダイの陰です。エルシャダイというのは、「備え」の御名です。つまり、エルシャダイの陰の下にいれば、実は完全な光の下に生きていることになるのです。父の陰の興味深いところは、それが光の陰であることです。疑いの陰でも、暗闇の陰でも、破壊の陰でもないのです。

　詩篇121：5には、このように書いてあります。

אתהה

「主はあなたを守る方です。
主はあなたの右手にあるあなたの陰です。」（NASB の訳）

　神は光ですから、ダビデは詩篇 23 篇と同じ陰ではないのが分かります。光が私にあたると、私の陰は光を遮るものではなくて、実は明るい光のようなものであるのを、あなたは想像できますか？ダビデは、まさにそのことを言っているのです。つまり、神の御翼の陰にいることで、神の光があなたの状況に移ってくるのです。いわば、死の陰の谷にいるあなたの状況に流れ込んでくる第二の陰です。つまり、そこには常にもう一つの陰があるわけですが、その陰自体が光です。一見、矛盾しているようですが、やはり光なのです。それは、あなたの暗闇の状況における、澄んで輝いた半透明の神ご自身の現れなのです。

「私はどんなわざわいも恐れません。
あなたが私と共におられるからです。
あなたの杖、あなたの大曲の杖、これらは私を慰めます。」
（NASB の訳）

　慰めと安息は奇跡の基本です。

「『慰めよ、そうだ、我が民を慰めよ！』と、
あなたの神は言われる。『エルサレムに慰めを告げよ。
その戦いは終わった』と 叫べ。
『彼女の咎は赦され...』」(イザヤ 40:1-2a、NKJV の訳)

　この文脈で神が慰めについて語られる時、人はどのような目に遭っても、試練は既に過ぎ去り、それまでの苦しみは既に癒されている、と言っておられます。神は、「戦いは終わった、と言いなさい」と言われているのです。神は、あなたの苦しみの中で、あなたに慰めを語っておられるのです。あなたの苦しみは既に終わったのです。

　それなので、慰めの言葉が来たら、自分は既にその状況から解放されているのだと受け止めて下さい。そうでなければ、神はあなたに慰めを語らないのです。つまり、慰めは、良い知らせの前触れなのです。

אתה

イザヤ 40：9 には、このように書かれています。

「シオンよ
良い知らせを伝える者よ。
高い山に上がれ。
エルサレムよ
良い知らせを伝える者よ。
力強く声を上げよ、
上げよ、恐れるな。
ユダの町々に告げよ。『見よ、あなたがたの神を！』」
（NKJV の訳）

　慰めの言葉が来る時、そしてイエスが「彼らは慰められる」と言う時は、あなたが体験している状況の中に、常に良い知らせの流れがあり、開かれた可能性の流れがあるということです。陰の中に入るつもりはないと言わないで下さい。もし陰に入っても、実際にその陰になる必要はないのです。私達は様々な陰の中を歩いて入りますが、私達は自分自身の中に入っていくのです。もしあなたが、死の陰の谷の中にいるのなら、アターが一緒にいるのですから、あわれみがあり、力があり、慰めがあるのだと理解する必要があります。あなたの苦しみの状況下での慰めは、良い知らせです。良い知らせというのは、その陰の中にいる状況で、既にあなたの未来は存在している現在形として、神が決定して下さっているということなのです。神はあなたを陰の中に置き去りにはされません。あなたを死の陰の谷から、神ご自身の御翼の陰、つまり全能なる神ご自身の陰へ移すために、慰めて下さるのです。神は「さあ、あなたの足で立って、一緒に家に帰ろう！」と言われているのです。

> 神は状況が終わるのを待たずに、私達を慰めて下さるということを私は学んでいます。

　神はその状況が終わるのを待たずに、私達を慰めて下さるのを私は学んでいます。それは、神のヨブへの接し方を見ればわかると思います。ヨブが苦しんでいる時に、ヨブを訪れて下さいました。神がヨブのもとに来る前に、苦しみが終わっていたわけではありません。神は既にそこでヨブを見ておられたのです。エリフを通してヨブを慰めるために、既にそ

אתה

こにおられたのです（ヨブ記 32-38）神、アターはヨブの苦しみの状況の中に、既に存在しておられたのです。

　私は、アター（אתה）というヘブライ語の言葉が大変好きで、その言葉と多くの時間を一緒に過ごしてきました。アレフは、創造の原則です。神は、世が陥るあらゆる状態から解放するための切り札(エース)として、まさにご自身をそこに置かれたのです。アターにとって、それは、創造前の原則のアレフが存在するだけでなく、未来の世のアレフも同時に存在することをも意味しています。

　　あなたを励ましたいと思います。今、あなたが経験していることが例え何であっても、どのようなことであろうとも、アターが存在しない死の陰の谷は決してないのです。全く開かれた可能性が存在しないような場所を通ることなどありえません。あなた自身が開かれた可能性です。あなたは、そのような者なのです。あなたは、そこから出て来られないほど閉ざされることなど決してありません。神の子であるあなたに、そのようなことは決してあり得ないのです。あなたとともにおられるのは、一体、どなたなのでしょうか？　思い出して下さい！　あなたは、風を掴むことが出来ますか？　あなたは、天を抱き抱えて、紐で縛ることが出来ますか？　あなたは神を捕まえて、自分の捕虜にすることが出来ますか？　もしそのようなことを、あなたが出来ないのならば、全く逃れることが出来ないような囚われの身にあなたがなることなどあり得ません。もしかしたら少々長いかもしれませんが、もう少しの間、じっと持ちこたえましょう。あなたは、大丈夫です。なぜなら、あなたの神は決してあなたを裏切るようなお方ではありませんから。これがあなたの人生の終わりというわけではないのです。決して、そのようなことはありません。常に開かれて行き、必ずあなたへの慰めはあるのです。神の慰めとは、あなたの未来が、既にあなたの現在にやって来ているということです。アーメン

> 続けて、詩篇23篇5節を見ていきます。
> 「あなたは私の敵の前で、私の前に食卓を整えてくださいます。」
> 　　　　　　　　　　　　　　　　　　　　　　（NASBの訳）

## 第五章　神の食卓

　超自然的な備え(供給)、そして神の子である人々に対する神の摂理による圧倒的な流れという考えを、私達はここで取り扱っています。私は繁栄の伝道師ではありませんが、豊かさ(wealth)を信じています。信仰者達の葛藤は、全てにおいて欠乏しているというところから行動しているのと関係していると思います。不足から機能（行動）すると、私達は自分と他人を互いに比較します。何かが自分から奪われていると考えるようになるのです。その観点から機能（行動）すると、私達は停止してしまい、実際に、今存在しているものの豊かさを収穫出来なくなります。私達は、祝福されるとはどのようなことであるかを学ぶ必要があります。それは、神というお方の満ち満ちた豊かさを充分に生きることを信じるように学ばなければならないのです。神が祝福されるのは、私達が神に祝福を与えるからではなくて、それ自体が神の本質的な御人格だからなのです。

　私達が神を祝福し褒め称える時、私達は神の完全な力を活性化し、私達を通して流れるように解放しているのです。私達は神に何も付け加えませんし、神から何も取り除きません。信仰者達は、自分がとても満たされていて、その満たされている状態をよく理解し、誰かが自分の前に現れたからといって、何かが自分から奪われているとは感じないところ

まで到達しなければならないのです。これはキリスト教の非常に重要な原則です。私達は生涯を通じて、自分の人生に入り込んでくる人が何かを奪おうとしていると教えられているので、この原則を学ぶのが難しいのです。しかし、どのような宗教的、霊的なことを言っても、このように反応をするのはクリスチャンではありません。あなたから何も奪われるものはないのですから、このような考え方は変えなければなりません。なぜなら、この考え方は、私達の個人的な生活と社会の両方に深刻な問題を引き起こすからです。私達がこのような誤った視点から行動するのは、私達が繋がっている常に満ち溢れる神の力を、信じていないことになります。私達は社会として、宇宙は根本的な欠如の上に成り立っている、つまり根本的な充満の上には成り立ってはいないと信じるように訓練されてきました。ですから、何かが奪われていると思うあまり、互いに噛み合い、叩き合い、傷つけ合い、喧嘩をするのです。私達は、宇宙を創造された神は欠乏に苦しんでなどおられないことを理解しなければなりません。宇宙は、根本的な豊かさ、基本的な純化、修正、再統合、再生能力や自らを癒す能力に基づいているのです。これは、全く違う視点です。

> 私達は宇宙を創造した神は、欠乏に苦しんではおられないのを理解しなければなりません。

もし私たちが人間関係に欠乏の観点からアプローチしたらどうなるでしょうか？そうすると、常に相手が自分から何かを奪おうとしていると考えるので、本当の信頼関係は決して持てません。それだけではなく、私達は、たとえ弱さであっても相手の豊かさから何かを引き寄せて、関係の中で利益を得ようとしたり、上に立つことを試みるようになるのです。欠乏から機能すると、自分の動機や意図さえも腐敗してしまうのがわかりますか？

ダビデが「あなたは私の前に食卓を整えてくださる」と宣言したのは、神が私達のために用意してくれているものを教えているだけではありません。神の食卓のプロトコールと、その食卓に着くためにはどのように準備をしなければならないかをも教えてくれているのです。偉大なラビの一人であるヨセフ・カロによって1563年に書かれた『シュルカン・アルフ』という本があります。これは『食卓の準備』という意味です。この本は、律法を守るための心構え、また説教をする

א חה

ための準備に関する五巻からなる本です。ユダヤ人が異なる点は、私達は礼拝の準備に多くの時間を費やします。ある人はそれを宗教的と呼び、私達はそれを準備と呼びます。この宗教的という言葉の使い方には注意しなければなりません。誰かが神のために何かをする準備する度に、多くのクリスチャンはそれを宗教的と呼ぶ傾向があります。もし誰かが霊的な行動をするべきだと言えば、それを「宗教的」と言います。「神様の前に出る準備をしなさい」と言われたら、「宗教的」と言い、「1日5回祈りなさい」と言われても、表面的で無意味な宗教的な行為と思って祈りません。宗教的でありたくないからと、準備もせずに王を食卓に招くでしょうか？ これは私達が自分自身にしてしまったことです。私達は自分のすることを全て宗教的と呼ぶことによって、実際に神の完全な姿に関わることから自分を引き離してしまっているのです。しかし、このようなことこそ、私達の生活の中で実際に神の完全性を活性化させるものなのです。私はこのように考えます。宗教的なものという言葉は、神からではなくて悪魔からきています。私達は、自分の霊的成長を促すものを非難することによって、自分自身の最大の敵になっています。そして、私達はそれを霊的と呼んでいるのです！

> 敵は常に敵でなければならないという観点と欠乏から行動する時、私達は一人で食べて、敵が何も食べられないようにしたいと思うのです。

私はタアロク・シュルカンという言葉が好きです。これは、あなたはテーブルを準備するという意味です。この食卓は、私の目の前に私の方を向いて用意されているのですから、素晴らしいです。しかし、その食卓が私のために用意されたとはどこにも書かれていないのです。詩篇 23:5 の多くの解釈では、神が私のために敵の前に食卓を用意したので、敵は私が食べているのが見えると言っています。しかし、もしその食卓で私の敵が、私と一緒にその食事に参加して変えられるためだとしたらどうでしょうか？ もし、神の食卓がある一つの神の変換や原則であって、それによって全ての人達が参加して、変容していくために招かれているとしたらどうでしょうか？ イエスが私達にどのように敵を扱うように言われているかを考えてみて下さい。イエスは私達に、敵を愛し、敵が私達を呪っている時には彼らのために祈りなさいと教えています（マタイ 5:44）。パウロは箴言を引用して、敵が飢えていたら食べさせなさいと言いました（ローマ 12：20）。私達が欠乏、また敵は

אתה

常に敵でなければならないという観点から行動すると、私達は一人で食べて、敵が食べるものがないようにしたいと思ってしまいます。私達よりも邪悪な者が神の食卓に参加出来ないようにして、あたかもそれが私達を義とするようにしたいのです。ここで、「タアロク・シュルカン」という考え方が非常に重要になってきます。自分自身を準備することや準備の実践は、変容をもたらします。なぜなら、それは神の考慮された意図を語っているからです。神がこの食卓を準備される時は、意図的にそうされているのです。誰かの前に無造作に食べ物を投げつけるようなことは決してされません。私の前に食卓を整えて下さるこの神は、この世でさえ、あるいは私の敵にさえも与えて下さる神なのです。

神がご自身の存在の豊かさから食卓を準備されるのであれば、私の周りにいる全ての人達がその恩恵を受けられるように準備されているでしょう。

私達は社会やイデオロギーに彩られた人生観を持っていて、普段は自分の思考の枠組みの外に出て、こういうことを客観的に見るという能力がないように思います。私達は、敵は常に苦しまなければならないと考えていますが、神は私達をそのように扱われたわけではありません。聖書は、私達がまだ神の敵であった時に、キリストの死によって神と和解したと語っています（ローマ 5:10）。もし詩篇 23：5 の解釈が、もし神は私が食べられるように食べ物を用意し、一方で私の敵が苦しむようにされるのであれば、ではなぜ、私がまだ神の敵であったのに、私を神の食卓に招かれたのでしょうか？ 神はイスラエルの前に食卓を用意し、敵であるあなたでさえも食卓に参加し、完全な者となるようにされたのです。ここで、私達のイデオロギー（観念形態）はおかしくなってしまいます。たとえ聖霊の充満、完全な聖化を説いても、それは敵にも溢れなければならないことを、私達はまだ理解していないのです。

つまり、私が神の御前で食事をしている時、私の敵も一緒に神の御前にいるのです。私が、一緒に連れて来ているのです。なぜなら、神と私との交わりの中で、私の敵は内側から変容していくのです。私が彼らを除外してしまったら、その人達は変えられる場所はどこにもないのです。一人で食べていて、どうして世界を変えることが出来るのでしょうか？ だから、キリスト教は難しいので、教会成長と外部との交わりが上手くいかないのです。難しいのです。なぜなら、あなたの敵はあなたと共に

אתה

参加しなければならないのです。敵も加えなければならないからです。私達は、敵が遠くにいるようなキリスト教を望んでいるかもしれませんが、私達の仕事は、敵のいない世界を作ることです。そのためにはどうしたらよいでしょうか？敵を遠ざけることによって可能でしょうか？それとも、敵を仲間に入れることによってでしょうか？愛は、内側からの変化をもたらすカギを握っています。イエスは、愛は誰をも変えると言われました。実際、私の敵の前で食卓を整えることは、神の本質的な御性質であり、また私達が神のようになるための変容のカギなのです。

> 神は、私の敵が羨ましがるように、私を祝福しているのではありません。

さて、今度は、私達の内側に住む敵について話しましょう。あなたは自分の中にいる敵達と一緒に食事をしないのですか？敵が取り除かれるのを待ってから食事をするのですか？ダビデが「あなたは私の前に食卓を整えて下さる」と言った時、神は私達にどのように対処するかについて多くのことを教えてくれています。ヘブライ語の単語はレファナイ (לפני) で、文字通り目の前とか、直面してという意味です。これは通常、私の前にと訳されていますが、実際には私の方へと訳すべきでしょう。この場合、実際にテーブルに参加するのは、敵と対面することです。もし、あなたが敵と面と向かって話すのを望まないのであれば、どのようにして敵を変化させるのでしょうか？どうようになろうとも、とにかく面と向かって出会うまでは、相手を変えることは出来ません。

この聖句を黙想する時、私達が覚えておかなければならないのは、神の食卓は個人的な食卓ではないということです。あなたの敵もその周りにいるので、実は公の食卓なのです。神の食卓は変化と変容をもたらすものです。それは、神が用意される、神の食卓であり、私やあなたのものではありません。その変容をもたらす神の愛の御性質を通して、あなたに参加する許可を与えます。

神は、あなたが神の食卓に参加出来るように、あなたの目の前に、つまりあなたの顔の前に食卓を用意されています。同時に、あなたの敵がそれを目の当たりにする時、彼らもまた変容して行くでしょう。

אתה

　神は、私の敵が羨ましがるように、私を祝福しているのではありません。私の敵が神の素晴らしさを目の当たりにして、悔い改めて神の元に立ち帰るように、私を祝福して下さるのです。私達は、この神は欠乏からではなくて、充足というポジションから働かれているのを理解しなければなりません。あなたのためにして下さっていることは、私達の周囲の全てが向きを変えるようにと、世の救いのためにしておられるのです。

> あなたのためにして下さっていることは、私達の周囲の全てが向きを変えるようにと、世の救いのためにしておられるのです。

אתה

# Chapter 6
# HEAD, HANDS AND FEET

前章では「食卓」を取り扱いました。では、「あなたは私の頭に油を注いで下さり、私の杯は満ちあふれる」という箇所を見てみましょう。

### 第六章　頭、手、足

　次の二つを、組み合わせてみたいと思います。私達、霊に満たされた信仰者は、預言的な視点、伝道的な視点、あるいはカリスマ的な視点を持っていて、油注ぎについては色々と言いたがります。ここで使われている「油を注ぐ」という言葉は、ディシャンタというヘブライ語です。これは「太らせる」「膨張させる」「完全に清める」という意味です。ディシャンタという言葉は、マシャハと同じ語源で、油を注がれた者、メシアという意味です。しかし、ディシャンタはマシャハとは構造が違います。ダビデはこの言葉を非常に意図的に使ったと思います。

　誰かが油注がれた者と呼ばれる時、それは、その人は重荷（割り当てられた仕事）が与えられていて、あるいはその人に何かが課せられている状態です。同時にその人に、これから起こることが何でも耐えられるような何かが、彼の上に置かれているのです。言い換えれば、油注がれた者は目的をもたらす種を与えられているのです。しかし、「あなたは私の頭に油を注いで下さった」と言う時には、なぜ、頭に油を注ぐのでしょうか？　文字通り、頭に油を塗る（こすりつける）のです。ユダヤ教のミスティックに関する書物『リックテイアマリム』には、人間の脳の中には魂があり、その魂には知恵、理解、知識である「ハバド（Chabad）」が含まれていると書かれています。ダビデがこの豊かさの中を歩くという問題全体について語る時、豊かさを開くには頭、つまりロッシュ(ראש)

אתה

が重要であると言っているのです。頭がどのように働くかが、あなたが繁栄していくかどうかを決めるのです。愚か者に富を与えれば、彼らはそれを浪費する（箴言21:20 NASBの訳）。これはソロモンの不平でした。彼はこれほどまでの仕事をしたのにもかかわらず、それを託す相手が愚か者になるのか、あるいは知恵ある者になるのか分からなかったのです。

この章の終わりには、詩篇23篇の本当の姿が見えてきます。それは、まさに豊かさです。ダビデはなぜ頭に油を注ぐことに重点を置いているのでしょうか? ディシャンタの考え方は、太らせること、成長させることです。また、王の油注ぎは、必ず頭に行うものです。王や祭司以外にも、棒や幕屋、祭壇、アロンの衣服、幕屋の道具に至るまで、ありきたりのものにも油を注ぎ、それらを塗るように神はユダヤ人に指示されています。時には、祭壇で燃やした灰の除去にも使われることもあります。

> 油注ぎという考えは非常に力強いもので、人が神のご臨在に立ち、またその中で道具や物が用いられて、神の栄光と意図を受け取ることが出来るように準備します。

油注ぎという考えは非常に力強いもので、人が神のご臨在に立ち、またその中で道具や物が用いられて、神の栄光と意図を受け取ることが出来るように準備します。油注ぎがなければ、ご臨在の中で現わされる神の目的と栄光を受け取ることは出来ないのです。ですから、油注ぎはまず、その人を油を置く場とするため、あるいはその人を栄光の入り口として用いるために与えられるのです。なぜなら、栄光を伴わない油注ぎは、油そのもののように単に油ぎったものを作るにすぎないからです。

油注ぎは、常に神の目的のためにあります。ダビデは、この場合の油注ぎは頭にすると言っていますが、それは、神が人を繁栄させるためには、知的なプロセスが必要不可欠だからなのです。油注ぎは、ただ祈り、神に奇跡を一方的に求める以上のものです。あなたがどのように頭を使うかが、繁栄するかしないかを決めるのです。

ペンテコステ派では、私達は富を築くための頭の使い方を人々に教えてきませんでした。跪いて富を築く方法を教えてきたのです。私達が既に知っているように、頭は3つのものを含んでいます。左脳、右脳、そして知恵、理解、知識である魂の3つが、そこには備わっています。つまり、

## אתה

脳は超自然的な領域がこの世に入り込むための入り口として漏斗（じょうご）の役割を担っているのです。もし、最も一般的な低いレベルで話して、人々が考えることを期待しなくても、実際に人々を変えられると思っているならば、私達は自分自身を欺くことになります。それは、まさに時間の無駄です。私はいつも、人々の理解を超えて話していると言われますが、もっと高く上って来るように促しています。あなたの中にあるものは、私が教えるどのようなことよりも偉大なのを知っているのですから、なぜ私があなたがまるで愚か者で、無能で無知であるかのように話さなければならないのでしょうか？ダビデは、頭に油を注ぐ重要性を強調する時、この豊かさの中で機能する過程で、私達の知性に意図的に関わる必要があることに注意を促しています。実際には、あなたが知性を使わなければ、聖い人にすらなれないのです。なぜなら、聖さというのは、あなたが神の指示に基づいて良いことを選択することなのです。ユダヤ教ではミツバと言いますが、これは律法に意図的に従ったり、親切な行いを選択したりすることです。これら全てにおいて、あなたの脳が関与しているはずです。教会に来る時、脳を駐車場に置いてきて良いはずがありません。それは、そこに立ち、何も得られないからといつも議論ばかりするということではなくて、脳を機能させることです。あなたの魂と脳が一緒に働くことで、あなたの心の意図に入り、それがあなたの手を通して機能するようになるのです。つまり、あなたが魂と意図的に関わらない限り、心の意図は決して実現しません。神が頭に油を注いで下さるのは、そこが超自然的な領域があなたの中に入り込めるように引き寄せる場所だからです。

> 啓示は
> 知恵、理解、知識の
> 組み合わせです。

心についてはよく話すのですが、頭については話さないので、教会では感傷的になっています。あるクリスチャンに知的な話をすると、気分を害してしまいます。つまり、その時に起こっていることは、どの様に挑戦されるのか分かっていないのです。そういうクリスチャン達が世の中に出ると、そこでは物事を行う上での構造、パターン、パラダイムがありますが、それには関わりたがらずに、それまでに考えもしなかった領域で成功出来る近道を求めます。つまり、考えたり、解決したりする必要がない奇跡を求めるのです。それは、あなたの合理主義的なプロセスで何かを解決するという意味ではありません。油注ぎの理由は、あなたの知的なプロセスを、神から与えられた知恵、理解、知識と結合させることなのです。

אתה

　データを集めて分析するという情報収集の過程だけを話しているのではありません。あなたはデータ、情報、そして神の啓示を全て一緒にしなければならないのです。データ、情報、神の啓示、この3つが揃わなければなりません。問題は、ある人はデータだけしか持っていません。また、別の人は、他から伝え聞いたことは多く持っているのですが、ただそれだけです。他の人は、啓示を受けたと思ってしまいがちですが、もしそれが知識と結びつかないなら、どうして啓示と呼べるのでしょうか？情報がないのに、どうして啓示を受けることなど出来るでしょうか？もし神が啓示を与えるなら、それを裏付けるために必要な情報も与えるはずです。

　啓示は、知恵、理解、知識の組み合わせです。知識とは、事実、情報、データを組み合わせた結果なのです。例えば赤ちゃんは、知識によって生まれます。聖書にはアダムが妻を知ったと書かれています（創世記 4:1）。この知識を生み出すには、父親と母親という二人の人間と、知恵と理解が必要です。赤ちゃんは、父親と母親の知識の現れなのです。私の偉大なラビ達によると、精液が母親の子宮に入る前に赤ちゃんを妊娠させ、その種を植えるのは父親の脳なのです。赤ちゃんは単なる物理的行為の結果ではありません。赤ちゃんは、男性の脳の中で活性化された認知プロセスの現れであり、それが解放されて女性の中に入り、9ヶ月間そこに留まり、知識として生まれて来るのです。自分の子供達を見て、知識と知恵と理解の完成を見るというのは、非常に力強いことです。それは、あなたの頭の上に別の領域から来た油注ぎとして始まっているのです。

> 油注ぎは、自分に与えられたことを扱えるように自分を拡張するためのものです。

　ディシャンタとは、祭壇で燃やされた灰を取り除くという意味もあります。ですから、油注ぎがあなたの上に臨む時、それはあなたの思いを曇らせるものではありません。もし、「油注ぎがある」と言っても、心が滅茶苦茶な状態であったら、それは油注ぎではありません。油注ぎの過程の一つは、あなたの心や脳が整理整頓されて、世代を超えて積み重ねられた良くない思いの灰から清められることです。例えば、ダビデを例に挙げてみましょう。ダビデは実は近親相姦の家系でした。聖書を読むとダビデは偉大な人物ですが、彼の父親と母親との関係は正しくなかったのです。しかし、油注ぎがそれを取り除き、ダビデが本来はどういう者であるのか、世の中にどのように関わっていく

のか、そして彼が何を成し遂げるべきかの理解について、いくつかの新しい展望を開いたのです。別の良い例は、イエス・キリスト御自身です。ここには、天使を見たという女から生まれた若い男がいます。もし、あなたの娘が天使を見たと言ったらどうしますか？私なら、こう言います。「そいつを見せろ！」ユダヤ人達はイエスが死ぬまでそうしてきたのです。「お前の父親を見せろ！マリアと大工のヨセフの子ではないか？」と言ったのです。ここで、イエスが人として来ておられた神であったことは忘れて下さい。イエスは彼らが何を考えているか、何を思っているかを知っておられるのですから、町を歩き回り、人々の声を聞くのは大変なことだったに違いありません。イエスが町を歩きながら、人々が「そうだ、そうだ！」と言うのをずっと聞いておられたのを、あなたは想像できますか？「彼の母親が天使を見たのだ。そうだ、母親が天使を見たのだ！あれはローマの兵士の一人が天使だったに違いない！」しかし、油注ぎのために、そのようなことは彼の人生において優位に立つことはありませんでした。イエスがそのようなことを言われているのを聞いたことはありません。ご自身のアイデンティティーについて人々が言っている雑多な会話の中で、ご自分の思いを集中させておられたのです。そういう背景を持つ人の多くは、常に自分の内側の混迷/混乱とその人が語ることが混在しています。父親の失敗のせいで、いつも全てが自分のことばかりなのです。しかし、イエス・キリストはそうではありません。

　明確にするためにお話ししますが、イエスは生まれた時に油注ぎを受けたわけではありません。それは、洗礼を受けられた時に与えられました。神の子であることと、油が注がれるのは全く別だからです。ある仕事をする時、あるいは神が望まれる結果を生み出す思考プロセスのためにのみ、油注ぎが必要なのです。頭に油を注ぐということは、その人の人生に対する神の願望や思いの大きさを扱えるように、意識が拡大されるということです。つまり、油注ぎとは、あなたの意識と、あなたの人生における神の完全さから受け取る能力が拡大されることなのです。ですから、もし神があなたを用いて世界を変えたいと言われたら、あなたの能力を拡張するようなものを神がもたらして下さらない限りは、普通にはそれを扱うことは出来ないのです。

このように、油注ぎは、自分に与えられたことを扱えるように自分を拡張するためのものです。そして、神があなたに油を注いだ仕事をやり終えた時、あなたはもうそれをすることが出来なくなります。なぜなら、油注ぎがあなたを拡張して、その時点でより大きな責任を担える能力を作り出したからです。結果的には、その油注ぎはあなたのものではありませんから、決して自慢してはなりません。もしあなたがスピーチの油注ぎを受けたなら、それがあなたの頭に留まっている限りは、誰もがあなたのことを素晴らしいと思うでしょう。あなたは、自分がそのようなものだと思うかもしれませんが、油注ぎが失せると、人々はあなたの人間的な弱さを見ることになります。油注ぎは実際にあなたを美しくします。なぜなら、そうすることによって、人々はあなたの話すことに耳を傾けるようになるからです。油注ぎがなかったら、あなたの話に耳を傾けないかもしれません。アロンも偶像崇拝者でしたが、油注ぎにより変えられました。彼は偶像崇拝者でしたし、それどころか実際に地獄からサタンを呼び出したことを忘れてはなりません。しかし、油注ぎが臨んだ時、彼は大祭司となり、天を開けるようになったのです。道具として作られたごくありふれた棒さえも、油が塗られると神のご臨在を担う器になったのです。

> つまり、油注ぎとは、あなたの意識と、あなたの人生における神の完全な姿から受け取る能力を拡大することなのです。

　本物の油注ぎは、頭には留まりません。それは手の上に流れます。ダビデが「私の杯は満ちあふれる」と言ったのは、繁栄は頭と手によってもたらされるということを言っているのです。杯を運ぶ人を思い浮かべて見て下さい。杯はテーブルの上に置かれたままで、内側のものが外に流れ出ることはありません。杯を傾けたり、曲げたりして、その中にあるものを流し出すのです。この言葉はヘブライ語で杯はコス（כוס）で、カフ（כ）というヘブライ語の文字で始まります。カフは、重荷に耐え難いほど圧倒的に悲痛なものという意味も含まれています。しかし、それはまた、その中にあるものを解放するために曲がっているものを意味することもあります。カフは、手のように運ぶこともできると同時に、注ぐことも出来るのです。

　それなので、溢れ出ている杯には、手と頭がつながれているのが大変重要なのです。私は、この世代、つまり自分は油注ぎを受けていると言いながら、仕事をしたがらない、手を使いたがらない人達に向けて書いているのです。そういう人達は、その代わりに、座って25日間断食し、

神が一方的に奇跡を起こして下さるのを待っているのです。豊かさは頭から手へと流れていくものですから、油注ぎは手にある杯から流れていかなければなりません。もし神があなたを繁栄させたいと思われるなら、神はあなたに何をすべきかという考えを与えて下さいます。神は、あなたの頭の中にあるものを、あなたの手の中にあるものに変えて下さるのです。ダビデは手に油注ぎが来た後、「私の手に仕事を教えて下さる主は幸いである」と言いました。

ダビデは多くの楽器を作ったとされています。手を使い作らなくても、神が天から物をもたらして下さるというのは聖書的ではありません。神が奇跡を起こすことはあっても、天使が家を掃除してくれるのをじっと待っていることはないでしょう。神はあなたに豊かさを約束されました。あなたの頭にアイディアを入れ、それを実現するためにあなたの手を強くすると約束されているのです。あなたの手のひらの上に記録を置いたのです。モーセは詩篇 90:17 で、次のように祈りました。「そして、私達のために、私達の手の仕事を確立して下さい。」(NKJV の訳) 神の奥義を歩みたいのに、働くことを拒否する信仰者達に私はうんざりしています。もし、あなたの頭にアイディアが浮かんだら、それを実行に移しなさい。手を伸ばす時に、天使達が助けてくれるのに、あなたは座って物事が現れるのをじっと待っています。天使は、あなたが手を伸ばさないのならば、あなたの巻物の記録を見ません。

> 手を伸ばす時に、天使達が助けてくれるのに、あなたは座って物事が現れるのをじっと待っています。

私のように世界中を旅して教えたいと言う人がいつもいます。私は彼らに、「あなたは怠け者で、ただ楽しみたいだけで、本当はそうしたくないのです」とはっきり言っています。おそらく、私がどのように時間を使っているのか理解していないでしょう。私は座って待っているわけではありません。早朝三時に休暇から帰って来ると、事務所に行き、翌日の教えの準備をします。すぐ次の日の朝から授業です。これは、あなたの個人的な才能や情報を語る能力についてではありません。天から受け取ることが出来て、あなたの脳に知恵があり、理解と知識が三角形の下方の漏斗（じょうご）として働き、超自然的な領域をこの領域にもたらすことなのです。このように、あなたの手と、10 本の指、そして創造の 10 の原則や 10 の戒め（十戒）とともに、あなたの物事の仕方に影響を与えるのです。人生は、宝くじではありません。

אתה

　神は、あなたの頭に油を注ぎ、天からアイディアを注いで下さいます。あなたが祈る度に、神は語りかけ、天からダウンロードしているのです。神がダウンロードされるための特別な時間は必要ありません。あなたの父はいつも語っておられます。神はあなたにアイディアを与えているのですから、頭を使って考えなさい。問題は、殆どの人達がそれを聞いても、考えずに宗教に変えてしまうのです。神が世界をテクノロジーにより変える方法について話しているのに、「神は私をアフリカに遣わす」と言ったりします。それは、今まで教えられた宗教から外れて、自分がしていることで何かを実現するように働きたくはないからです。もしそうであれば、神は他の誰かに与えられるでしょう。私たちは座って、アイディアを受け取るために耳を傾けなければなりません。紙とペンを用意して、たとえ意味のないアイディアであっても書き留めることです。もし電気技師になるのに、電線と電線の繋ぎ方を学ぶために学校に戻らなければならないのなら、そうしなさい。神があなたの頭に与えて下さったものを造り出せるようになるには、配管工になるしかないのなら、何歳になってもそうしなさい。年齢の問題ではありません。頭と手が一つになり働くことが、豊かさの中から機能するための鍵なのです。手を動かそうとしない思考力のある人を教えて下さい。そういう人達は頭だけが豊かで、人生において貧しい人になるでしょう。自分の手を使って働き、本当に考えようとしない人を私に示して下さい。そうであれば、生み出している他の全ての人々の奴隷になっている人をお見せしましょう。神があなたにこの素晴らしい頭脳を与えたのに、あなたは自分以外の人々に依存しているのです。あなたは考えるという才能を持っているのに、手は怠惰です。あなたには祈る能力があるのに、手が不自由なので、アイディアが送られてきても、それを受け取れないのです。なぜなら、考えていないからです。そして、それを受け取った時には、あなたはそれを宗教に変えてしまうのです。あなたの手は働きたがらないので、他の誰かがそれをキャッチするまで、あなたの頭の中にただ留まっているのです。

> 神はあなたに豊かさを生み出す力を与えているのです。

　今日のあなたの生活にも顕著に表れている考えが幾つもあると思います。間違っても、霊的なことと経済は関係ないとは思わないで下さい。経済について宗教的に語ったり、権力の移行について語ったりすることは出来ますが、結局のところは、物事の仕組みを決めるのはお金を持っている人達です。これは、お金があなたの神ということではなくて、神があ

なたに豊かさを生み出す力を与えているということなのです。それは奇跡ではありません。魔法でもありません。10本の指－10の創造の原則、10本の指－山上の垂訓の10の教え、10本の指－10の戒め（十戒）、10本の指－アブラハムの10の試練、10本の指－エジプトを動かした10の災いを思い出して下さい。神はこのように、主の御手について言及し続けています。実際に出エジプト記の中では、主の御手について頻繁に語られています。エジプト人達でさえ、自分達に襲いかかってきたのは主の御手であると認識していたのです。

　奇跡を起こすということがどういうことなのか、まだお話ししていません。私達は、奇跡とはただ何か言い、それが起こると思い続けていますが、実はある奇跡は働きの一つなのです。奇跡が起こるということは、一晩中働き続けていたということです。

　モーセの幕屋は天から降ってきたのではありません。それは誰かの頭の中に与えられ、その人はモーセがそれを建てるように命じる前から、それを建てるために必要な全ての道具を自分の手を使って製作したのです。神は、経済的にも手腕を持つようになるご自身の子供達を探しておられます。実際、そのような方向に向かっているからです。豊かになることを望んでおられるのです。私達が戦っている戦争は、経済と直接結びついている霊的な戦争なのです。もし、私たちが豊かさの中から機能しようとするならば、この原則を使い始め、次の世代にも同じことをするように教える必要があります。私達の動きの中では、誰もが現れを待っていた時期がありました。しかし、聖書の原則は、このような現れは、あなたがすべきことのしるしであるのです。ですから、しるしを最終的な実体とするのではなく、しるしをあなたが何をすべきかを指示しているものとして用いていくのです。だからこそ、しるしや不思議と呼ばれているのです。この場合のしるしとは、あなたが何が出来るかを指し示すことです。神が天から車を与えて下さったとしたら、これからもずっとそのようにされるのではありません。神は車を天から与えて下さったのは、あなたがその製造方法を学び、神無しで自らの力でもっと多く造り出せるようになるためです。ですから、あなたに出来ないことが、未信者には出来るのです。なぜなら、未信者は救いのために神を必要としますが、テクノロジーを生み出すために神を必要としていません。テクノロジーは、既に神から与えられているからで

> 神がアイディアを与えていない人は一人もいません。

אתה

す。もし神があなたを用いて今日何かを生産し、それが義から生み出されたとしても、未信者はそれを手に入れて複製することが出来ます。中国人は、あなたが信じている神を信じなくても、アメリカの発明品を全て奪い取り、再現してしまいます。私達の中で、神がアイディアを与えていない人は一人もいません。私達は、何らかのマジックがかかるのを待っていたために、それを失ってしまったのかもしれません。紙を用意し、ノートを用意し、絵を描き、何かを書き、アイディアを書き留めましょう。もし、あなたがそれを実現しなければ、他の誰かが実現するでしょう。

## Chapter 7

## PSALM 23

> この本の冒頭で私が強調したことの一つは、私達は世界が欠乏の中で機能していると考えるように育てられてきたことです。

### 第七章　詩篇 23

　その結果、私達は一生をかけて、枯渇すると思われるものを守ろうとするのです。結局のところ、私達は本当に神を信じているのではなく、自分自身を信じているということになります。もしそうだとしたら、私達は自分が思っているようには神を本当は知らないことになります。もし私達が本当に神を知っているならば、神は決して尽きることがないのを知っているはずです。これはとても単純なことで、日曜学校で習ったはずです。一方で、社会では、世の中のあらゆるものが枯渇していると言われています。なぜ聖書がそれほどまでに「反都市」なのかがわかります。聖書では、都市とはあらゆる種類の悪が存在する場所であり、人が集められて管理され、地球の表面に広がるのを許されない場所だと考えられています。

　現在、地球上に存在する全ての人間は、お互いが隣り合わせに立つとテキサス州に収まってしまうのです。しかし、「地球にはもう土地がない！」と言われ、私達はそれを信じています。私達は都市に集められ、互いに踏みつけにされて心理的に言われたことを信じてしまっているのです。様々なメディアを通じて、「欲しいものを手に入れるために隣人を殺さなければ、土地は奪われてしまう」というメッセージを受け取っているのです。実際に、私達はそのような考えを信じてしまっています。神が神の民、アダム、ノア、そしてその子供達に与えた命令は「東方に行き、その地に広がり、それを治めなさい」というものでした。地上に広がることが命令であったのに、その代わりに彼らは身を寄せ合って　混乱の塔を建てたの

です。地上で最初の都市は、カインが殺したアベルの血を基に、カインが自分の息子のために建てたものであるのを思い出して下さい。

　あなたは同意しないかもしれませんが、地方の人達は、一般的にお互いを殺し合うようなことはしないのです。都市部ほど犯罪は多くありません。地球上の全ての人は2～3エーカー（約2400-3600坪）の土地を持つことが出来るし、更に地球にはまだ十分な土地があるのです。飛行機の窓から見える景色を思い出してみて下さい。人口が密集している地域は殆どありません。私は陰謀論者ではありませんが、これは本当にルシフェリアンが人類に対して行ったことです。彼らは、私達はどこか山の中で一人で生きていくことは出来ないし、神は私達を守ることが出来ないと信じ込ませているのです。都会から離れれば飢えて死んでしまうと信じ込ませているのです。皮肉なことに、私達が食べる物は全て町の外から町の中に運ばれてきたものです。これは、一見、ごく当たり前のことのように思えるかもしれませんが、私の父は次のように言いました。「常識は、それほど皆に共通してはいない！」

> 常識は、それほど共通してはいない！

　私は都市に反対しているわけではありません。しかし、都市は多く抱え込みすぎて手に負えなくなり、全ての人をコントロールしたがっていると思います。皆さんは、なぜ、神が地上にあったエルサレムを取り去られたのか不思議に思うことがありませんか？神がエルサレムを取り去った時、それはエブス人の都市となりました。血の都市となったのです。どうか、これを政治的な発言だと受け取らないで下さい。そのような意図は、私には一切ありません。そもそも神がイスラエルのエルサレムを滅ぼした理由でさえも、エレミヤ、エゼキエル、イザヤが言っているように、そこが血の海となったためです。外国人が強かったために滅ぼされたのでありません。私達がエルサレムを端から端まで血で満たしたから滅ぼされたのです。私達は民を集め、幾つもの偶像を作り、それらを拝みました。

　実際に、都市を批判する人はもういません。今日の預言者達は、都市が神によって創造されたかのように語っていますが、実際には、都市は混乱と支配のために創造された人間のシステムなのです。都市では家庭が簡単に崩壊しやすいのです。田舎には、それほど多くの売春婦はいないでしょう？都会に住んでいるから、あなたが文明人だと思っている人は、

もう一度考えてみて下さい。都会は野蛮な人達が住み、互いに傷つけ合い、パン屑を奪い合う場所ですが、都会の外には充分あるのです。もし、あなたが砂漠に住んでいて、そこの土地の一部を持っていたら、自分で食料を育てることが出来ます。今後数年間で、人々は実際に都市の外で生活し、主に交流のために都市にやって来るようになるでしょう。都市は持続不可能です。ニューヨークで今起きていることを考えてみて下さい。人々が互いにひしめき合い、積み重なっているのです。ニューヨーク州には、そのような人々が住むのに十分な土地がないのでしょうか？私達は都会に住むことに過剰な価値を置いていると私は思います。決して、都会には良いものがないという意味ではありませんが、あなたが都会でしていることは、地方でも出来るのです。地方に散らばっていても、都会でしているように出来るのです。

　人間が、今私達がしているのと同じようなことをする度に、神はやって来て、彼らを散らしました。聖句を読んでみて下さい。答えはわかりませんが、私が言いたいのは、都市を偶像化してはいけないということです。都市に生まれた子供達は、都市こそが神が私達に望んでおられる場所だと思っていますが、地球上には全人類にとって充分な資源と充分な空間があるのです。私はアジアを横断する時に、飛行機の窓から広大な土地を見て来ました。中国には 10 億人の人々がいることは知っていますが、彼らはどこにいたのでしょうか？今では、その殆どは、共に幾つかの都市に集まっています。アメリカでは、この国を横断すると、驚くほど広大な土地が広がっています。しかし、ある人々がその土地を奪い、自分達のものにしようとするために、私達はその人達に物乞いをしなければならないのです。

> 神がなさる全ては、次のようなことを示しているのに気付かれるでしょう。私達は、実は豊かさの過程の具現化であり、またその候補者なのです。

そのために、人類の組織的な奴隷化に繋がるシステムなのに、私達はそれをこれほど素晴らしいものを作り出したと思い込んでしまっているのです。このような世の中の仕組みは、懐疑的な目で見る必要があります。決して、都会を離れて地方に行くようにと言っているわけではありません。殆どの都会人は、都会の外で生き残るのは困難でしょうが、「私達は、これまでとは違う考え方を始める必要がある」と言っているのです。地球の表面には充分な資源があり、もし私達が神の中で本来そう

であるべき姿にまで成熟すれば、より多くの資源を生み出す手助けをするのも出来るのです。一方、私達が些細なことで争うのに集中し、欠乏の中で機能するならば、私達は平和に暮らしているとは言えません。全ての戦争は資源をめぐって行われています。誰かが他の人々を説得して、資源が足りないから死ぬ覚悟でそれを手に入れようとするのです。

　金が尽きたと思わせておいて、突然、今まで以上に金が発見されたと言われた時代がありました。私達は、このような視点で考え、私達の個人的な生活に適用しなければなりません。自分が欠乏の立場から機能しているのか、それとも豊かさの立場から機能しているのか、自問自答してみて下さい。ダビデは、「私は、神が羊飼いで、祝福に満ち、豊かであるという立場から機能していて、神はそれを私に向かって解き放って下さる」と言っています。それなので、神がなさる全ては、次のようなことを示しているのに気付かれるでしょう。私達は、実は豊かさの過程の具現化であり、またその候補者なのです。

詩篇23：6では、次のように書かれています。

　「必ずや、私の生涯のすべての日に、善（*日本語の聖書ではいつくしみ、あるいは恵み）とあわれみ（*日本語の聖書では恵み、あるいは慈しみ）とが、私を追って来るでしょう。」

| | |
|---|---|
| 必ずや | אַךְ<br>アハ |
| 善 | טוֹב<br>トブ |
| あわれみ | וָחֶסֶד<br>ヴァ ヘセド |
| 私を追って来る | יִרְדְּפוּנִי<br>イルディプニ |
| 私の生涯のすべての日 | כָּל־יְמֵי חַיָּי<br>カル エメ ハヤ |

　このテキストの構成を見ると、最初の単語はイスラエルの父祖であるアブラハム、イサク、ヤコブの名前の最初の文字で構成されていることに気付かれるでしょう。つまり、「アハ」はアレフ・ヨッド・ヨッド、つまり

אמת

アブラハム、イサク、ヤコブのことです。出エジプト記3：6で神は「わたしはアブラハムの神である。これが永遠にわたしの名、これが世々にわたってわたしの呼び名である。」と言われたのを思い出して下さい。イエスはマタイ 22:32 でこの宣言を繰り返しています。ユダヤ教の伝統では、アブラハムはあわれみの担い手とされています。ダビデが「私の生涯を、善とあわれみが必ず追いかけてくる」と言う時、それは善とあわれみという神の本質の二つの重要な側面を指していることがわかります。しかし、イスラエルの人々が祈る時、「アブラハムのあわれみ」と言いますが、これは天から常に流れている川が心に流れ込んでくると考えられています。これは家長アブラハムとその子イサク、ヤコブを通して流れる神のご性質を指しているのです。実に、イスラエルの民があわれみを受けるのは、神がアブラハムに「彼らをあわれみ、その善を彼らの前に通らせる」と言われたからなのです。神は、絶えることなくそのようにし続けて下さっています。ダビデの場合には、神が常に追いかけて下さる遺伝的な経路が働いています。私達には、神の善とあわれみを運ぶ神の息子イエス・キリストを通して働きます。

　これらの単語のゲマトリアを見てみましょう。アハ（אֲהֲ）のゲマトリアは 21 です。2+1 は 3 であり、これは神の数であるだけでなく、イスラエルの先祖の数でもあります。つまり、ユダヤ人がアブラハム、イサク、ヤコブと言う時には、実は神のことを指しているのです。なぜなら、それは神がご自分のために付けた名前だからです。「アブラハム、イサク、ヤコブの神である。」

> 死ぬ気のない人に
> 善は芽生えません。

　トヴは善を意味する言葉で、そのゲマトリアは 8 です。トヴの面白いところは、それがテト (ט) で始まることです。テトの数字は 9 で、これは死を表す数字でもあります。ヘブライ語の書物の中に書かれているヘブライ語の文字についての話を思い出して下さい。アレフ・ベートのそれぞれの文字は神のもとにやって来て、自分が最初の文字であるべき理由を説明しました。テトは、自分はトヴの始まりの文字なので、自分が最初になるべきだと言いました。しかし、神は死をも通られました。聖句によれば善は、死ぬ能力から流れ出てくることに気付きます。イエスはヨハネ 12：24 でこのように言われました。

אתה

「まことに、まことに、あなたがたに言います。一粒の麦が地に落ちて死ななければ、それは一粒の麦として留まっています。しかし、もし死ねば、豊かな実を結びます。」（KJV の訳）

　ここでいう善とは、完全に消滅してしまうという意味での死ではなく、善を発芽させるために、常に自分自身に死んでいくということです。死ぬ気のない人に善は芽生えません。善の行為は全て、悪である他の何かを抑圧（抑えます）します。そのことを言い換えるならば、あなたが何か良いことをする度に、あなたの中の神のご性質に反する何かが死ぬのです。このことは、パウロが「私は、毎日死ぬ」と言った意味を説明しています（1 コリント 15:31）。パウロは常に何か良いことをすることで、死んでいったのです。ユダヤ人の言葉で言えば、ミツバを絶えず行うことが神の善を示すことなのです。私達の通常の営みは、本当に良いことをしようと思う時、必ず何らかの疑いがつきまといます。自分の必要性、自分の立場、あるいはそれにかかる代価などを考えてしまうのです。しかし、その善い行いを実際に実行すれば、何かを殺したことになるのです。私達は少なくとも、欠如から機能するという考え方を殺し始め、その死から善が芽生えて行くのです。私は、自分を十字架につける方法を探す必要はなく、善を行うことが実は十字架につけることであるのを発見しました。もし私が外に出て、それに値しない誰かに親切を分け与えるならば、私は実際に自分を磔にしたことになります。通常では磔にされる過程は苦痛を伴いますが、この場合にはそれを味わう必要はありません。

　次の言葉はあわれみ、または「ヘセド」（חסד）です。ヘセドの最初の文字は、ヘット（ח）で、ゲマトリアは 8 です。ヘットとは、指示されない限り入ることが出来ない閉ざされた扉です。ヘットは、一見するとヘーイ（ה）のようにも見えますが、両方の文字は大いに違います。ヘーイ（ה）はダレット（ד）とヴァヴ（ו）が一緒になっているので、蝶つがいのついた扉です。しかし、ヘット（ח）はただの閉じた扉です。奥義の領域では、ヘット（ח）の扉の前まで来ると、そこを通るためには死ななければなりません。肉体の死ではなく、奥義への始まりなのです。つまり、ヘット（ח）とは、自分から死を選択しない人の前に立ちはだかる扉なのです。閉ざされた扉に入れるようになるには、あわれみが必要です。あわれみの中で祈らない限り、入ることは出来ない扉なのです。

つまり、ヘット（ח）の数字は8であり、トヴ（טוב）という言葉のゲマトリアも8です。このことが意味するのは、神の善があなたの人生で現実のものとなり、あなたがそれを実際に理解する唯一の方法は、あなたが神の奥義に足を踏み入れ、そこから導かれていくということです。そうでなければ、あなたの人生に神の善が現れても、ただそれは当たり前のように受け取られて、神の善が実際にあなたの人生に天の奥義をもたらすのを理解出来ないでしょう。ローマ2：4には、このように書かれています。

「それとも、主の豊かな善、寛容、忍耐を軽んじているのですか。
また、神の善があなたがたを悔い改めに
導くことさえも知らないのですか。」(NKJVの訳)

悔い改めとは何でしょうか？ 悔い改めは、神のご性質の奥義に入るための原則の一つです。悔い改めなければ入ることが出来ないのです。ですから、ダビデが神の善が私を追いかけてくると語る時には、この神の神秘へ入るように、自ら選択していく絶え間ない機会について語っているのです。それは、神の完全な充満と、神は何事にも尽きることが決してないという事実と関係しています。シンプルな言い方をすれば、もしあなたが神の中にいるなら、あなたは完全であるということです。善とは単に神が持っておられるだけのものではありません。**神ご自身が善なのです。**

> 神ご自身が善なのです。

神の善に入るのを信仰者が自分から選択するのは、神ご自身の御性質に自ら進んで入って行くことです。繰り返しますが、あなたが行うべき善い行為の前に立つ時、あなたは選択すべき奥義の扉の前に立っているのです。あなたが何か偉大で良いことをするようにと呼ばれる度に、あなたは閉じた扉の前に立っていて、善の行為だけがそれを開くことが出来るのです。あなたは、神のご性質の一面への選択の過程の前に立っているのです。神は、毎日瞬間ごとに、私達の人生に私達が助けるべきクレージーな人々を連れて来られます。それは、あなたが彼らを助けるためです。あるいは、家族をとても手に負えないような状態にして、あなたが助けるようにします。あなたが理解できるように、神はあらゆる方法で関わられます。神はあなたの人生に関心をもっておられます。そしてその大きさゆえに、神ご自身のある側面の奥義へ導こうと、常にスペースを設け、同時にあなたの前に扉を置くのです。

אתה

「追って来る」と訳されている言葉は、イルディフニ (יִרְדְּפוּנִי) で、ゲマトリアは 360 です。この数字は、一周することを表わしています。ダビデは、善とあわれみが私を追いかけて来て、同時にその神のご性質と創造の奥義の中に私を導いて下さると言っているのです。ですから、もし神という御方の完全さと豊かさの中で私が機能するならば、私は常に創造の豊かさの場所にもたらされるのです。そして、神の尽きない善とあわれみからなる完全なサークルの中へと導かれます。

> 神の備えは決して尽きることはありません。

不足の状態に陥る度に、創世記一章の六日目の創造の過程に遡ると、神の豊かさが私の人生に流れてくる原則を実際に再起動することが出来ます。神の豊かさの中で機能することにより、私は常にサークルを一周することが出来るのです。善とあわれみが私を追いかけて来ているのを知るのが重要です。彼らが（*善とあわれみは、生きた存在です）、私を追いかけて来るのです。私が彼らを追いかけるのではありません。彼らは私の前にはいません。彼らは私の後ろにいるのです。なぜなら、満ち足りるのと豊かであるのは、神の溢れる原則だからです。神は、用意して下さっている全てのもので、私が溢れ出るように、扉を打ち破りたいと願っておられるのです。360 のゲマトリアは、この溢れ出るものが、私の生涯のすべての日に、私の周りにあることを教えてくれています。

あなたは、欠乏という考え方の上に築かれ、神が地球を使い果たすために造ったと思っている世界に住んでいるのです。しかし、あなたは常に全てのものを満たしておられる方の元に戻ることが出来ます。神は、あなたが必要とする時点でアクセス出来るように、ご自身である善と　あわれみを送られるのです。あなたが不足する度に、善とあわれみが弧を描くことによって、神の領域からあなたの人生にやってくるビジョンが現れます。言い換えれば、あなたは本当に尽きることがないのです。枯渇するのは、あなたの頭の中だけです。もしあなたが神の子である信仰者なら、不足から活動し始めている時に、最初にするのは自分を神の方に向けることです。神の備えは決して尽きることはありません。

私の生涯のすべての日という最後の言葉はエメ ハヤ (חַיָּ֣י כָּל) はヨド・メム・ヨッドと綴り、数字では創造の数である 60 を持っています。これは、

הכלא

人間が創造された時点に戻り、創造の原則を用いて、人生を 再形成し、人生を正し、人生を再活性化し、人生を方向転換することなのです。ハヤのゲマトリアは 10 です。ヘット（8）+ヨッド（10）+ヨッド（10）＝28。2+8＝10 になります。つまり、全節は 3（アブラハム、イサク、ヤコブ）で始まり、最後は創造の原則で終わっているのです。ダビデが語っているのは、アブラハム、イサク、ヤコブにされた約束の完全さの中で機能しているというだけでなく、神の奥義の扉の前に常に立っている者として機能しているということなのです。扉は閉まっていますが、私の背後にある善とあわれみのゆえに、私はいつもそこにアクセス出来ます。

このように、私はこの扉にアクセスすることが出来ますが、扉に来る全ての人がアクセスできるわけではないので、その人達のための扉は閉じられたままです。この 3 人（アブラハム、イサク、ヤコブ）の神を知らない人は、この扉に来ても何にもアクセス出来ないのです。あなたの未来に何が起こるかを決めるのは、実はあなたの背後に続いているものです。なぜなら、あなたが背後に置くものは何であれ、未来で収穫することになるからです。あなたの未来は、あなたの背後の存在によって、あなたの方へ押し出されているのです。なぜ神はあなたを赦すことを常に義務としておられるのでしょうか？ なぜなら、神はご自身以外、あなたの後ろに何も望んではいらっしゃらないからです。神は、ご自身以外にあなたを追いかけるものを何も望んではおられないのです。ダビデはいつも罪を犯しても、「あー、何ということだ！ 私の全ての罪が追って来る！ どうしたらいいのか！」とは言いませんでした。むしろ「確かに、善とあわれみが私を追いかけて来る」と言っています。これは、ある日突然起り、その後は二度と起こらないことではないのです。ダビデは、彼らが生涯のすべての日にダビデを追いかけて来ると言っています。実際のところ、善とあわれみは墓にまでもダビデを追いかけて来ているのです。もし、不足の状態に陥る度に、善とあわれみが私の生涯のすべての日に私を追いかけて来て、私の人生が本当に死で終わることがないならば、次の世にまでずっと私を追いかけて来るということです。信仰者はこの世で亡くなった後は土に戻るのではなくて、新しいいのちへ進んで行くのです。

> 信仰者の豊かさには終わりがありません。

神は墓の中にまで私について来られます。神の善とあわれみは永遠に私を追い続けるので、向こう側の領域でも私を追いかけて来るのです。

אהבה

　アブラハム、イサク、ヤコブを通して示された神の善とあわれみは今も生きていて、絶え間なく彼らの子孫を追いかけているのです。それは、イエスが「神は死んだ者の神ではありません。生きている者の神です。」（ルカ 20:38　NASB の訳）と言われた真理なのです。信仰者にとって、このように後から追いかけられていることは再出発を可能にします。信仰者の豊かさには終わりがないのです。

　豊かさに終わりがあると言っているのは私達であり、欠乏の中で機能しているのも私達なのを忘れないで下さい。自分が充分に持っていないと考えて、他人に与えるのを拒んでいるのです。この先どうなるのか不安に駆られて、他の人々の必要を満たすように動こうとはしないのです。何度でも、繰り返し言います。どうか、よく聞いて下さい。私達は豊かさから流れるという視点から考えてはいないのです。私達は、自分が充分に持っていなければ、誰か他の人を助けられる備えは決してないと信じています。

　ダレット（ד）という文字は、蝶つがいのついた開いた扉だと理解する必要があります。それに対して、ヘット（ח）という文字は、閉じたダレットです。このことは、イエスが「わたしは、扉である。」（*日本語の聖書では、「門」）と言われたのとどのように関係しているでしょうか？ヨハネの福音書には、詩篇 23 篇の題材が多く含まれています。「私は良い羊飼いで、彼らがいのちを得、さらにそれを豊かに持つために来たのです。私は扉（門）で、私を通って羊は出入りし、牧草地を見つけるのです。」ダビデは、詩篇 23 篇は信仰者の賛歌であるべきだと言っているのです。

> 神は、あなたとご自身の間の障壁となるものを、御子の血によって絶えず取り除き、あなたが天の父の満ち満ちた完全な状態に絶えずアクセス出来るようにしておられるのです。

　私が初めてクリスチャンになった頃、どの教会に行っても二つの祈りを唱えていました。「天にまします我らの父よ」「主は、わが羊飼いなり」主から詩篇 23 篇を教えるように言われるまで、私はこの詩篇が私達が日々繰り返し唱えるべき言葉であるのに気付きませんでした。神は、超越した豊かさ、溢れて流れ出る豊かさ、超自然的な豊かさの具現化です。そして、次のように私達に語りかけています。

אתה

「わたしはこれを携えて、あなたを追いかけます。あなたがわたしとあなたの間に妨げを置く時には、わたしの息子の血を使いそれを取り除き、あなたがいつでもアクセス出来るようにしています。いや！　そうすれば、**わたしがいつでもあなたにそれを注ぐことが出来るのです。**わたしはあなたを祝福したいのです！わたしの善であなたを満たしたいのです！わたしに問題があるのではないのです。あなたの方に問題があるのです。あなたの生涯のすべての日に、善とあわれみがあなたを追いかけて行きます。それは、あなたが地上に存在する日々も、そしてあなたの永遠の日々も、全ての日々に含まれているのです。」

これは、あなたについてなのです。アダムが園にいる時に神が働かれていたのと同じように、神があなたの人生の中で働いて下さっているのを知っているあなたについてなのです。神の子であるあなたに対する神の意図は、罪も欠乏もなかった園でアダムが持っていた完全な供給のポジションに、あなたを絶えず導いて行くことです。これが、上から生まれ、神の子となる理由です。もしあなたの罪が問題であると言うならば、イエスは無駄に死なれたことになります。あなたがすべきことはイエスのところへ、つまりイエスの血のところへ行くことだけなのです。神は、あなたとご自身の間の障壁となるものを、御子の血によって絶えず取り除き、あなたが天の父の満ち満ちた完全な状態に絶えずアクセス出来るようにしておられるのです。今、あなたと神との間には、何の妨げもありません。あなたに対する父の心の完全な備えから、信じ難いような人生を歩む準備をして下さい！　神は、あなたにご自身の全てを現わそうとあなたを追い求め続けています。アーメン！

イエス・キリストは、ご自分が扉（門）であり、羊と子羊を養う良い羊飼いであることを教えて下さっています。イエス・キリストは、私達がいのちを得て、更にそれを豊かに持つために来られ、私達が出入りして牧草地を見つけることが出来る扉（門）であると教えています。もし、あなたが神から祝福されない理由があなたの欠点だと考えるのなら、どうして神は未信者を祝福して下さるのでしょうか？

> 神が祝福されるのは、神が神であられ、また神があなたを祝福して下さると信じているからです。

そのような考えからは離れる必要があります。これは、あなたに義人としての歩みをするなと言っているわけではありません。そのことが、神があなたを祝福する理由にはならないと、私は言っているのです。神が祝福

されるのは、神が神であられ、また神があなたを祝福して下さると信じているからです。聖書には、罪があるか無いかで神を喜ばせることは出来ないとは書かれてはいません。「信仰がなければ、神を喜ばせることは出来ない」と書かれているのです（ヘブル 11:6 NASB の訳）。神がそこに信仰を置かれたのには理由があるのです。なぜなら、あなたが赦されるのは信仰によってだからです。信仰により、あなたは癒されるのです。信仰によって、あなたは神に近づくことが出来るのです。その信仰とは、キリストという御方に他なりません。キリストこそが、あなたが決して逃げられない扉です。もしあなたが何か良いことをする度に、このことを理解するならば、あなたは豊かさの中で機能することが出来ます。あなたは奥義の扉（ドア）を開いていることを忘れないで下さい。あなたが神を信じる度に、あなたは扉を開けているのです。そして、その扉はあなたの行く全ての場所に、どこまでもついて来るのです。あなたが扉を探し求める必要はなく、扉があなたを後から追いかけて来るのです。それはあなたに付いてきます。それは善とあわれみの扉なのです。アーメン！

# 付録A：ヘブライ語のアレフ・ベット

| 手紙 | 名称 | ゲマトリア |
|---|---|---|
| א | アレフ | 1 |
| ב | ベート | 2 |
| ג | ギメル | 3 |
| ד | ダレット | 4 |
| ה | ヘーイ | 5 |
| ו | ヴァヴ | 6 |
| ז | ザイーン | 7 |
| ח | ヘット | 8 |
| ט | テット | 9 |
| י | ヨッド | 10 |
| כ | カフ | 20 |
| ל | ラメッド | 30 |
| מ | メム | 40 |
| נ | ヌン | 50 |
| ס | サメフ | 60 |
| ע | アイン | 70 |
| פ | ペー | 80 |
| צ | ツァディ | 90 |
| ק | クフ | 100 |
| ר | レッシュ | 200 |
| ש | シン | 300 |
| ת | タヴ | 400 |

# ABOUT THE AUTHOR
## 著者について

　アドナイヤ・オケチュクウ・オボナイヤ（学士、修士、博士）は、使徒的かつ神の国のミニストリーである AACTEV8 インターナショナルの創設者で、世界中のキリストの体と共に、魂の獲得、弟子の養成、訓練、神の国の奥義と神の国の生き方について聖徒の育成のために 尽力しています。

　カリフォルニア州ベニスに拠点を置くオボナイヤ博士（アドナイヤ・オケチュクウ、またはドクター オーとしても知られています）は、1970 年代、10 代で神の言葉を説き始めました。宣教師、チャーチプランティング、牧師、教授として奉仕をして、アジア、アフリカ、ヨーロッパ、南北アメリカの 25 カ国以上で、イエス・キリストの福音のメッセージを伝え、宣教してきました。文字通り、マルコ 16：17－18 で約束されたように、神が様々なしるしと不思議を行われるのを目の当たりにしてきています。また、博士は主イエス・キリストご自身によって開かれた霊的な実体を、信仰者が理解出来るようにするのに重点を置いています。

　西アフリカのナイジェリ出身のヘブライ人。クレアモント神学大学院で神学とパーソナリティの博士号と修士号、宗教学の修士号を取得。西福音神学校で神学修士号、カナダのヒルクレスト・クリスチャン・カレッジで宗教学学士号を取得。ビジネスパブリッシングの博士号も取得しています。

　また、www.aactev8.com で数多くの教えを紹介しています。

　オボナイヤ博士は、ベネディクタ牧師と結婚し、4 人の素晴らしい子供達と孫達に恵まれています。

אחח

セラフ・クリエイティブは、キリストの体が完全に成熟し、地球上の神の子/息子たちとして、その相続分を歩んでいくことを願うイラストレーター、アーティスト、作家、神学者の集団です。

ニュースレターに登録すると、シリーズの次の作品の発売やその他のエキサイティングなリリースについて知ることができます。

当社のウェブサイトをご覧ください。
www.seraphcreative.org

www.ingramcontent.com/pod-product-compliance
Lightning Source LLC
Chambersburg PA
CBHW041319110526
44591CB00021B/2846